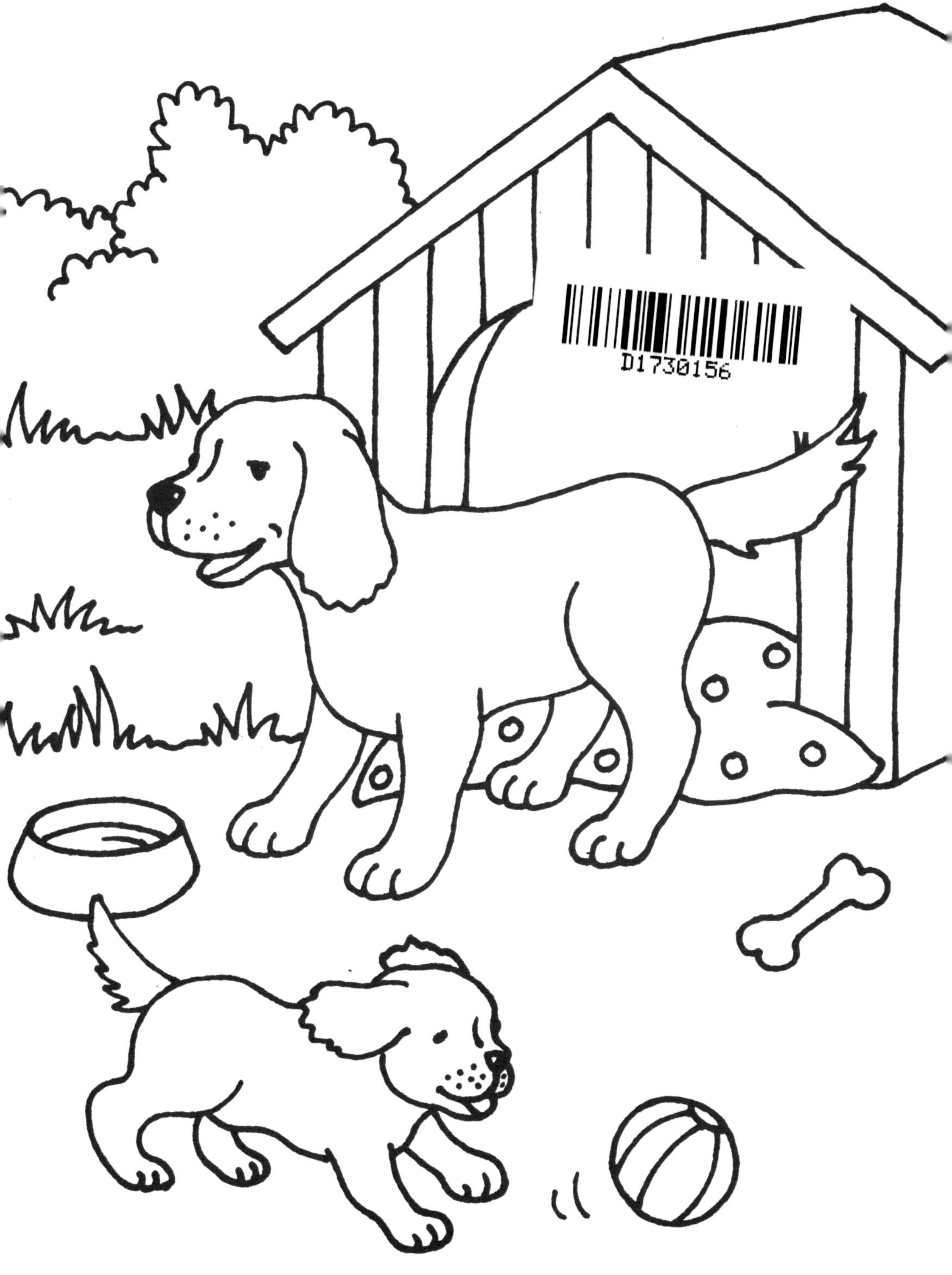

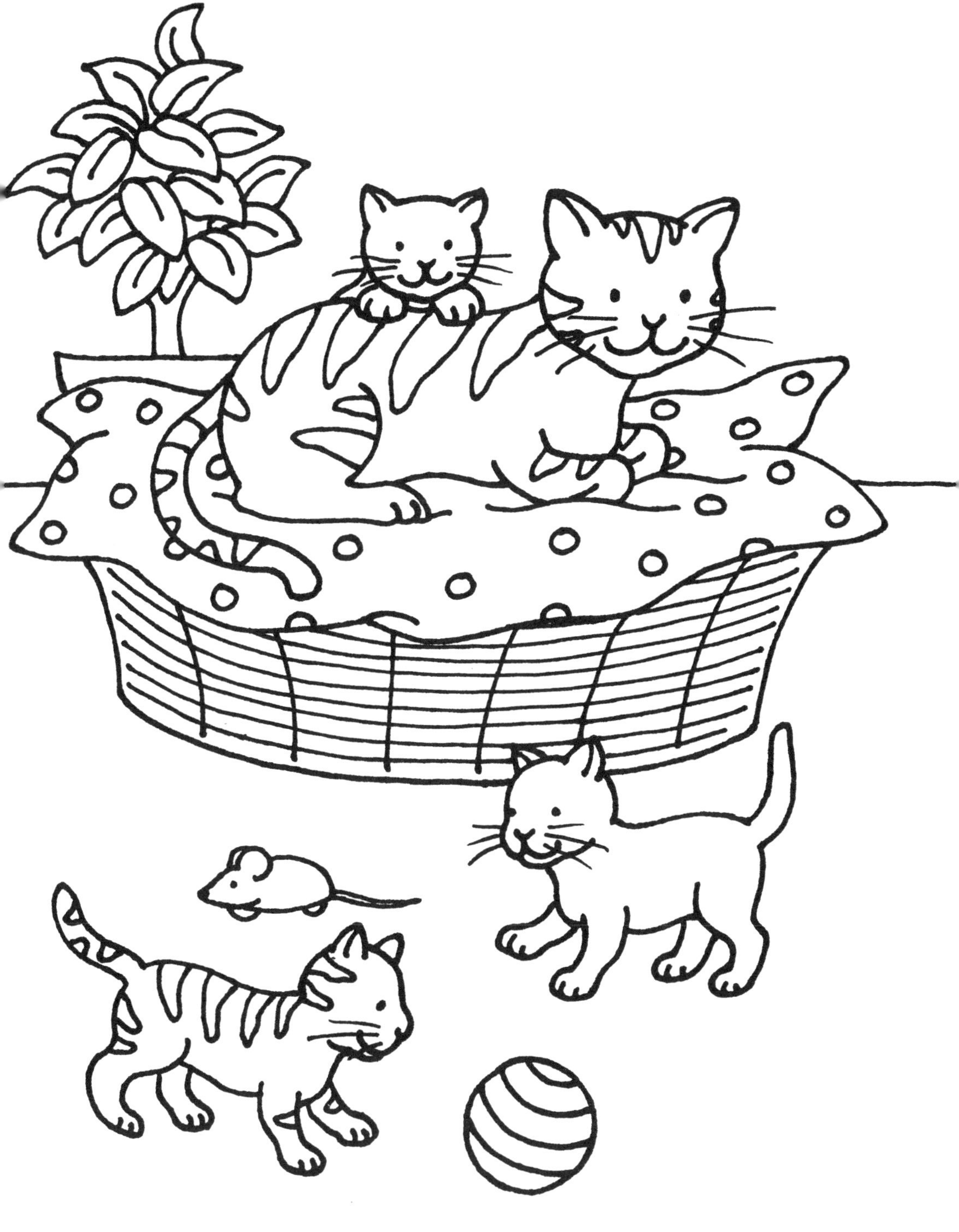

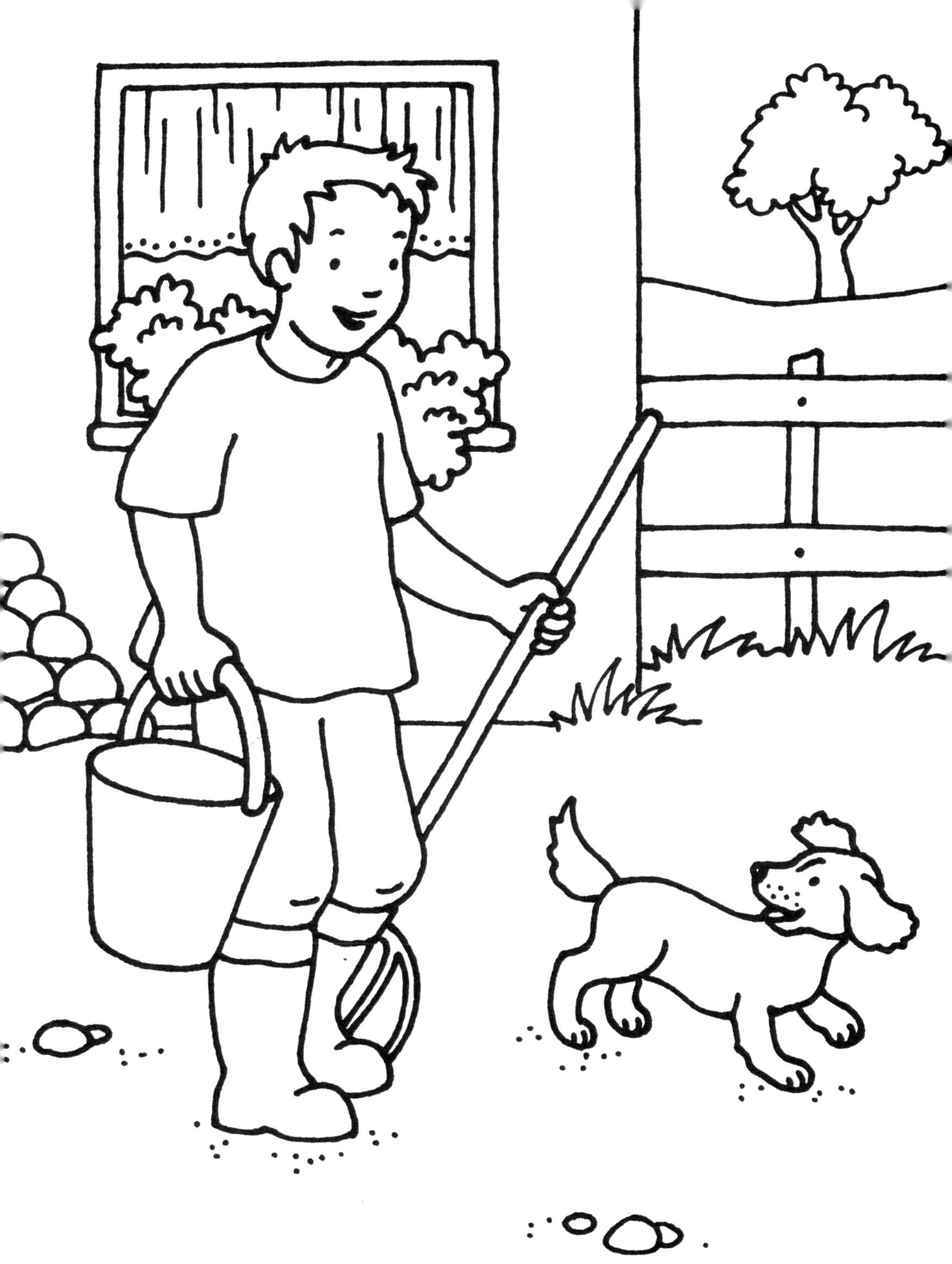

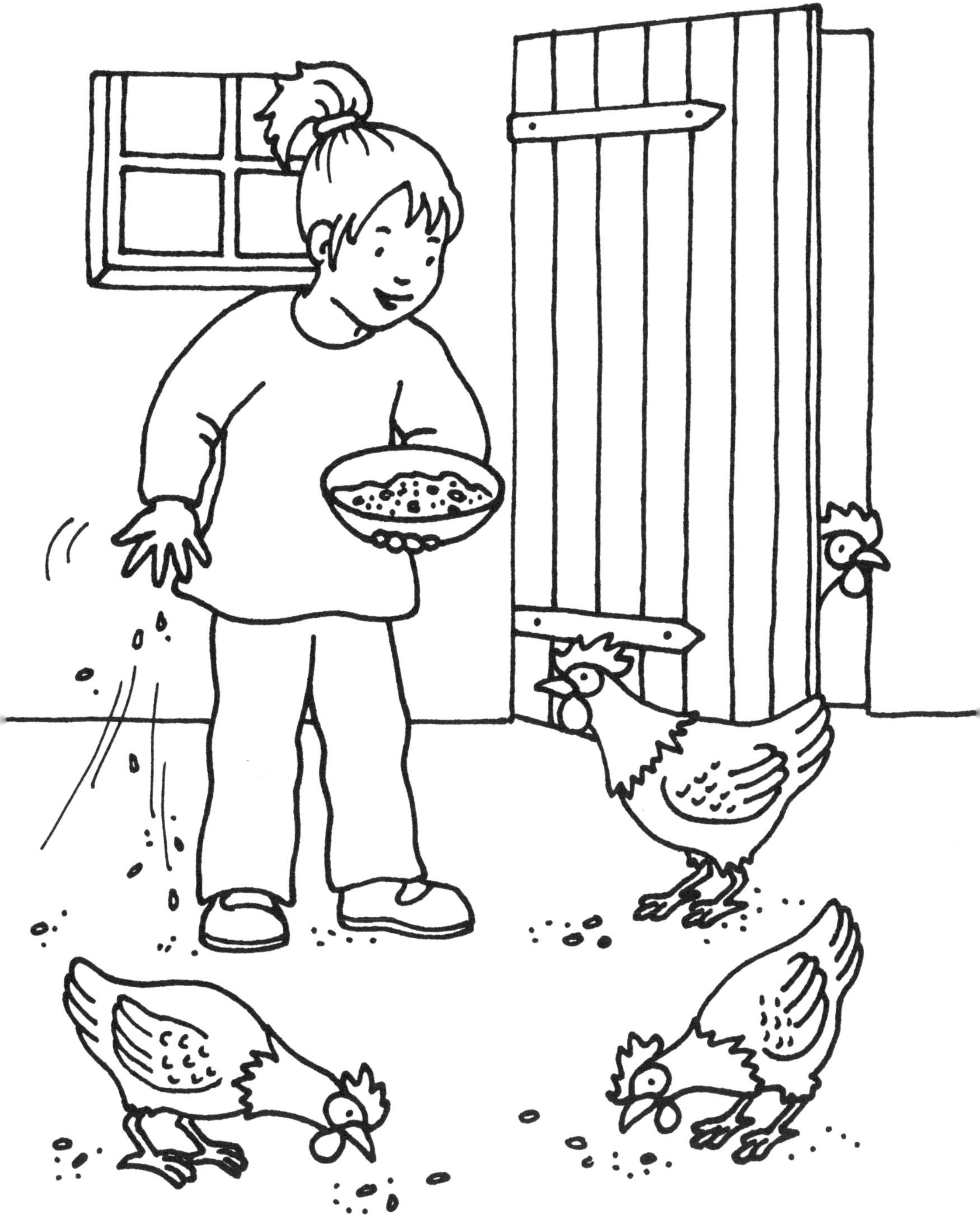

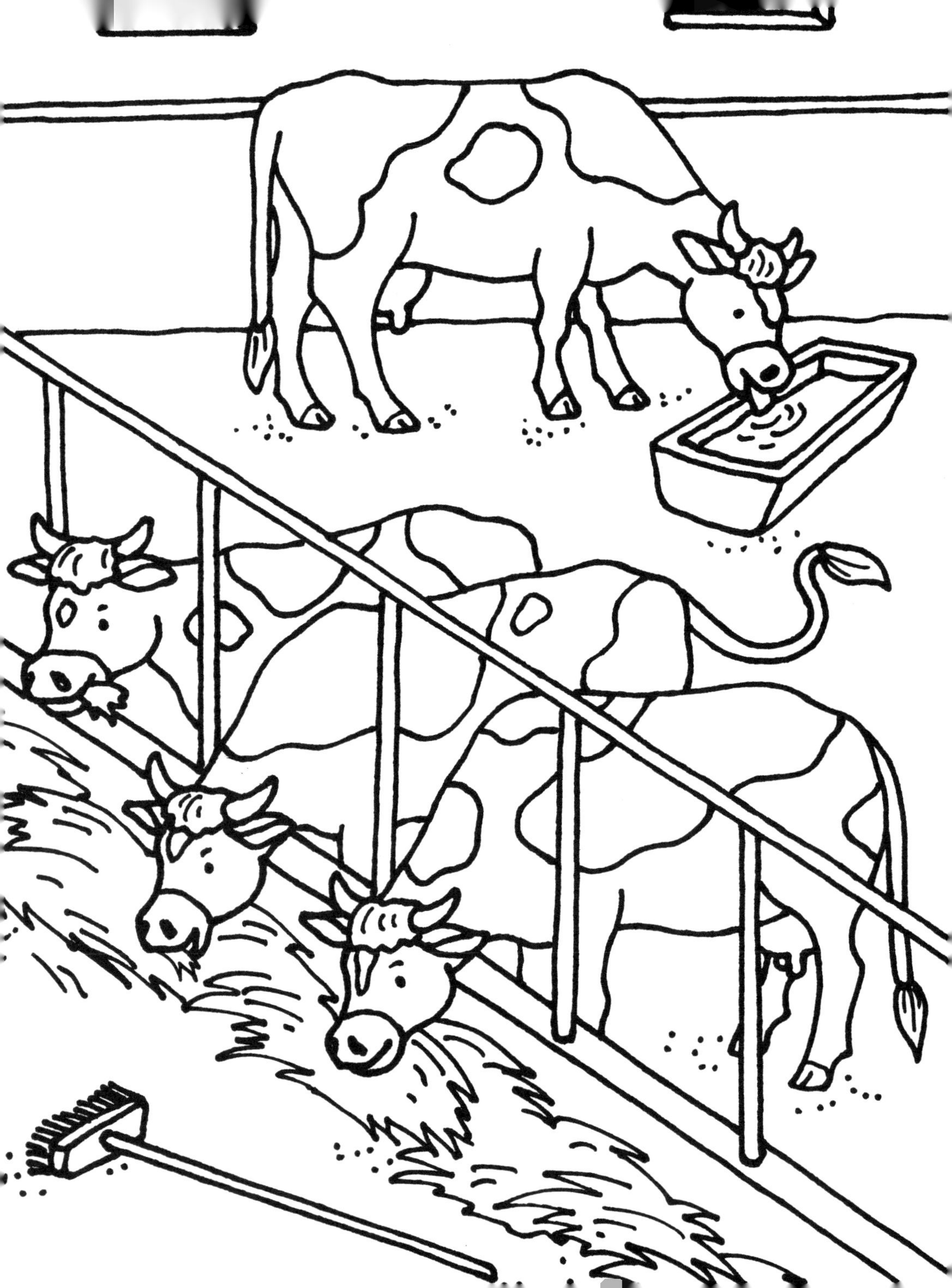

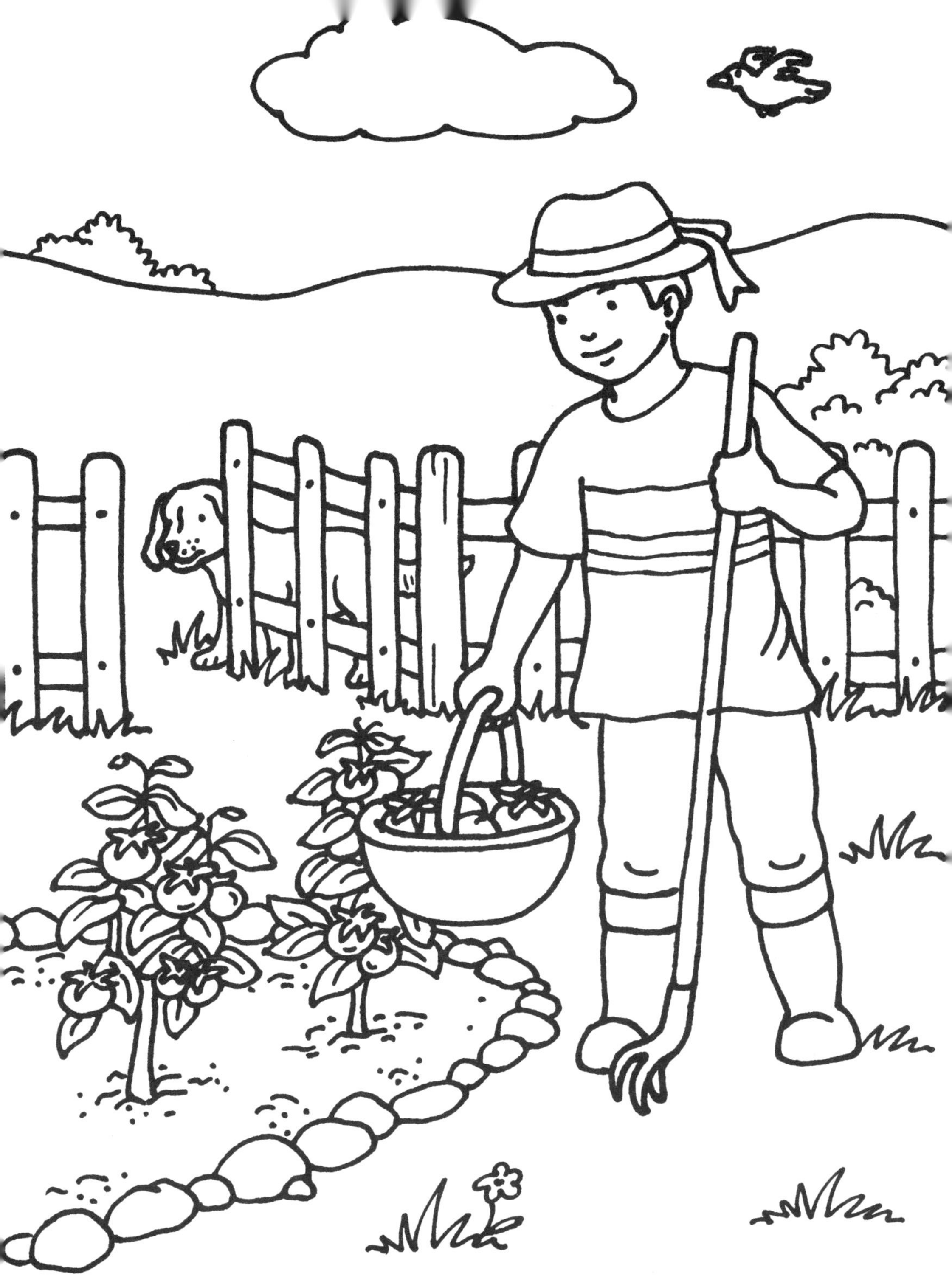

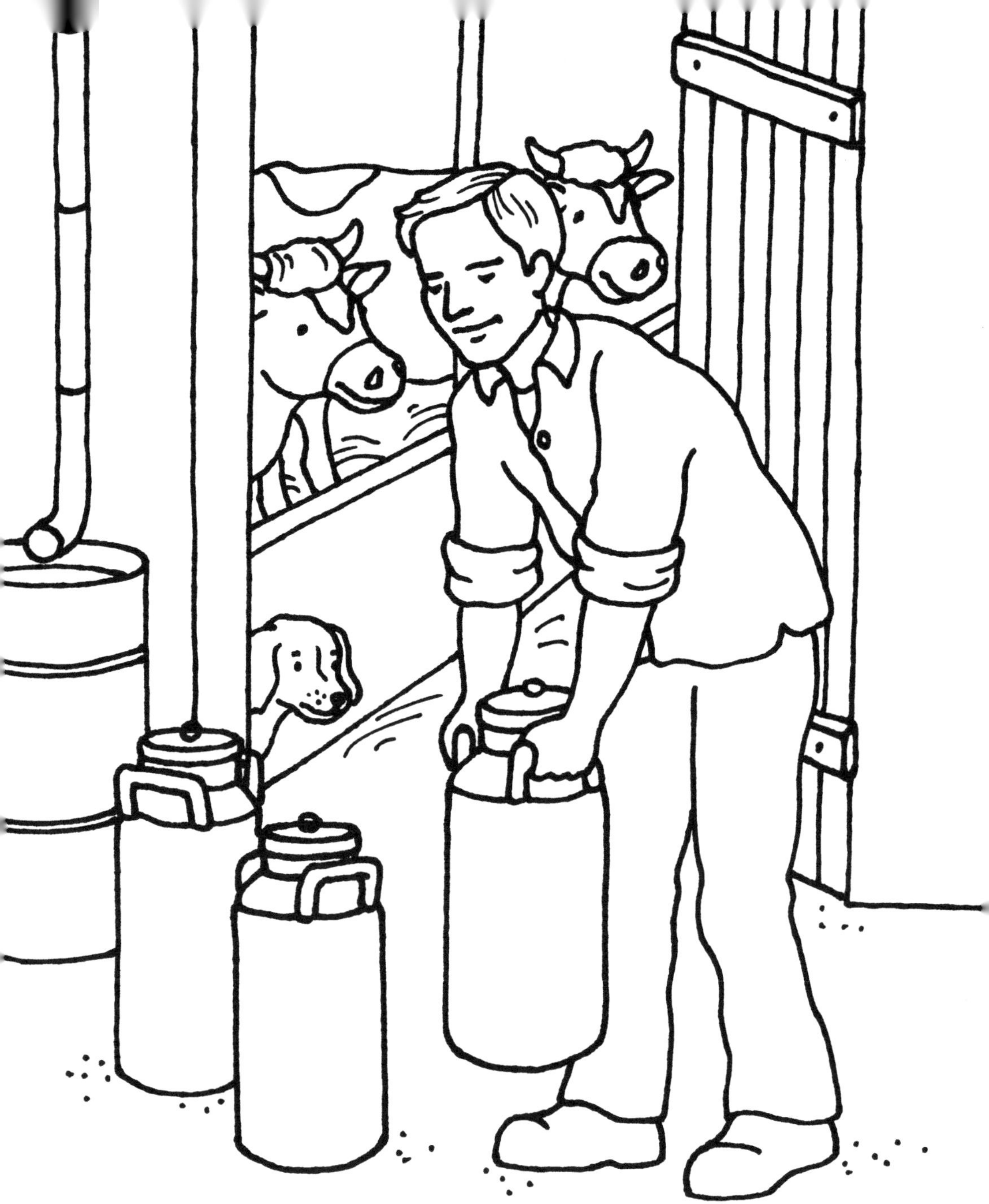

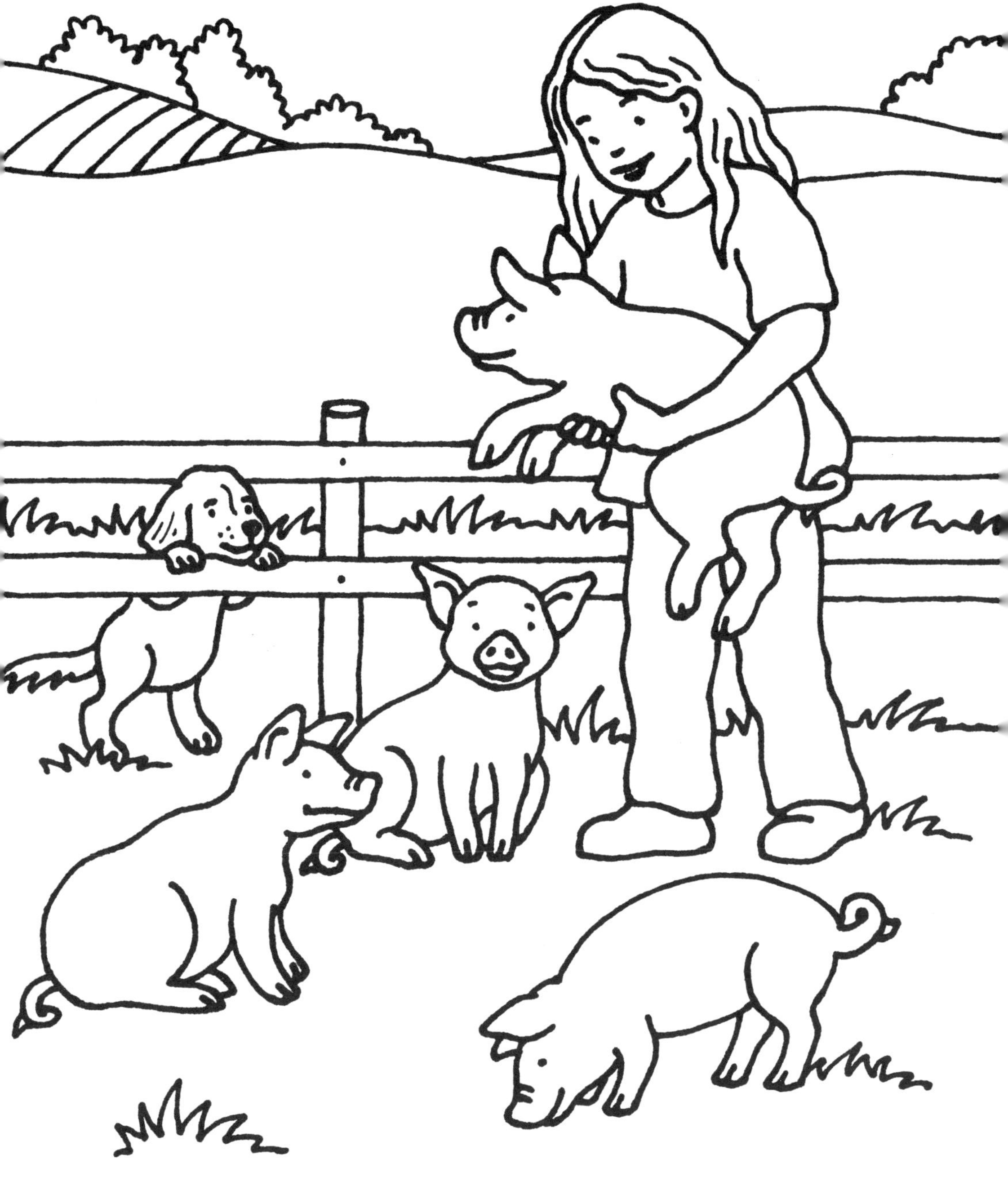

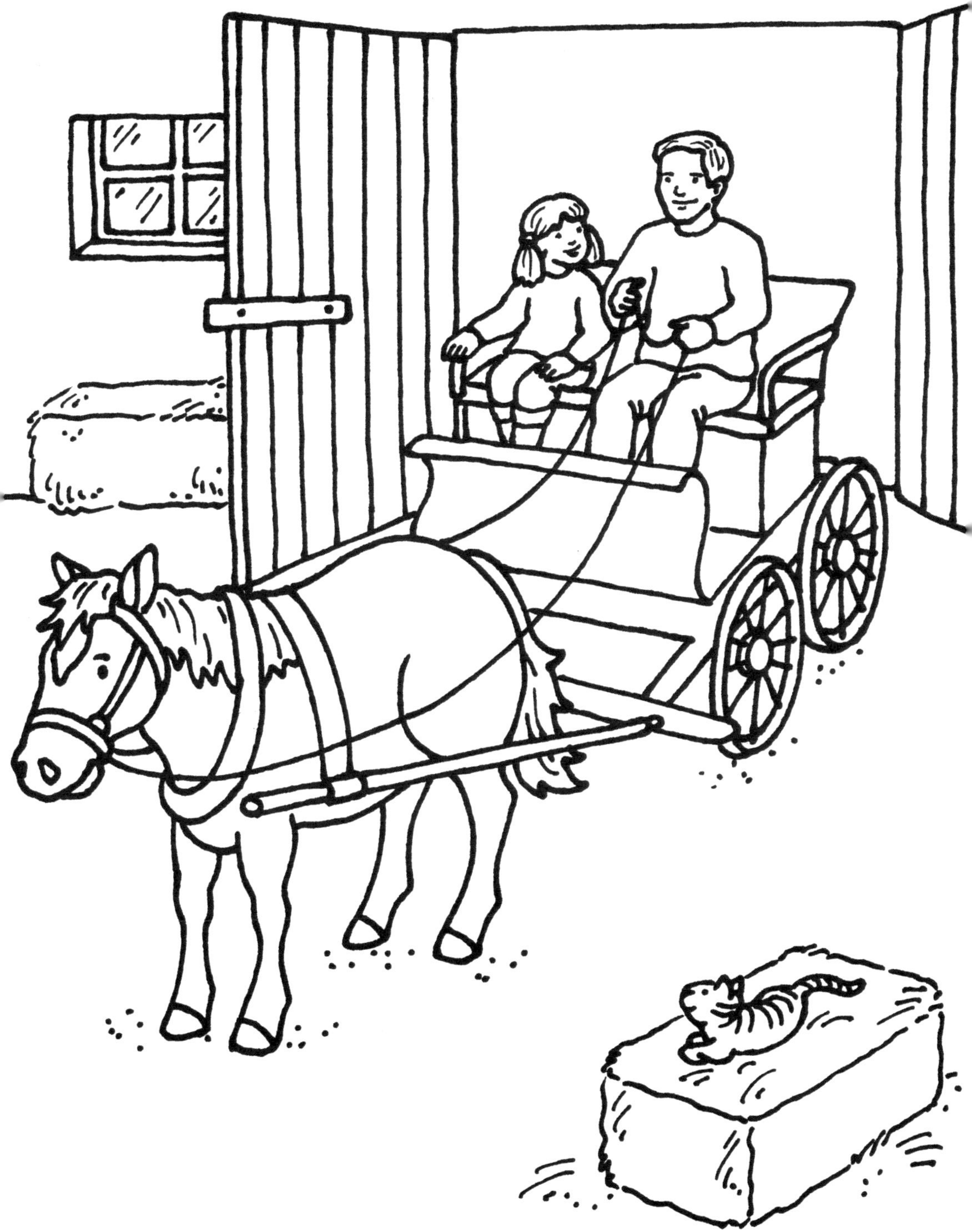

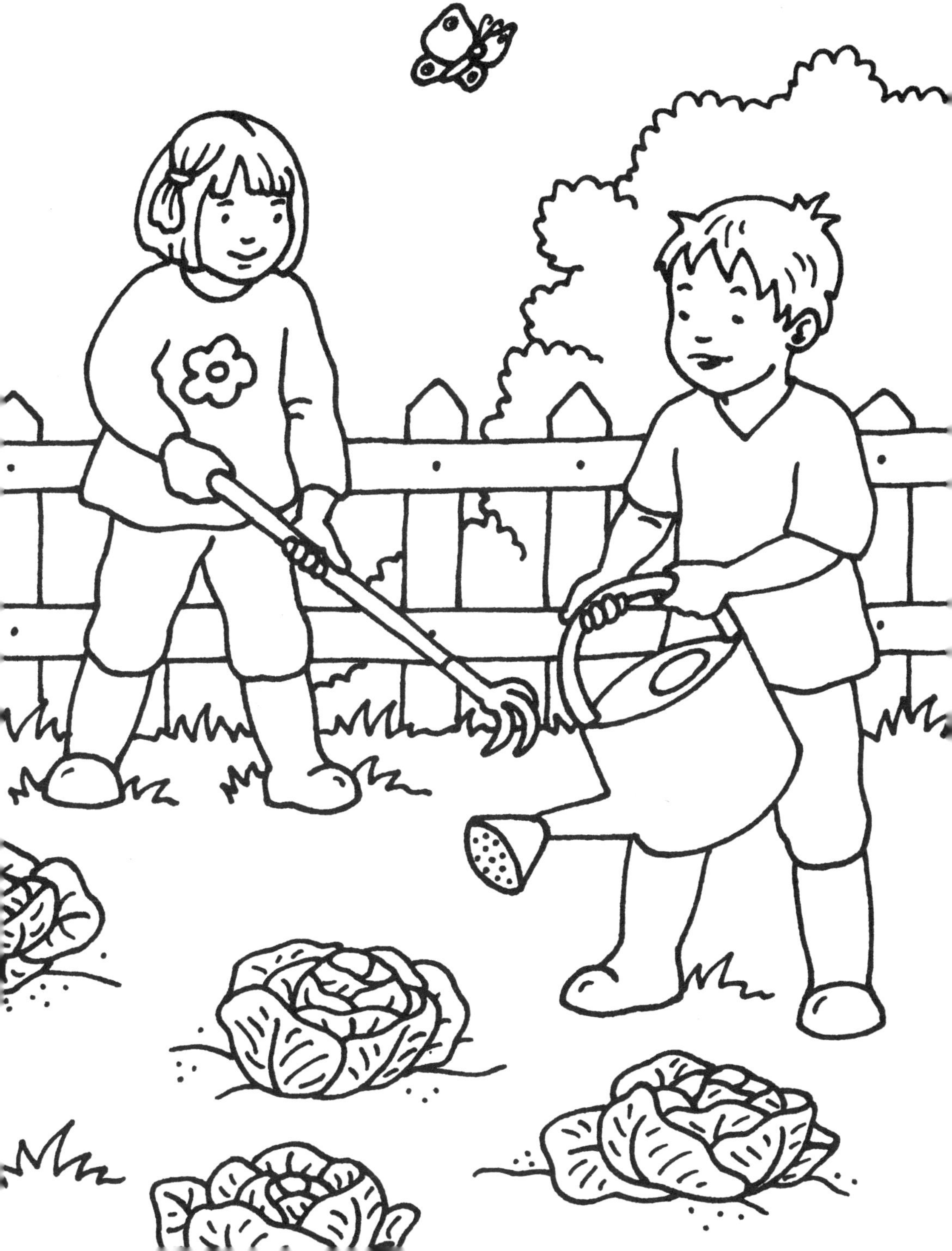

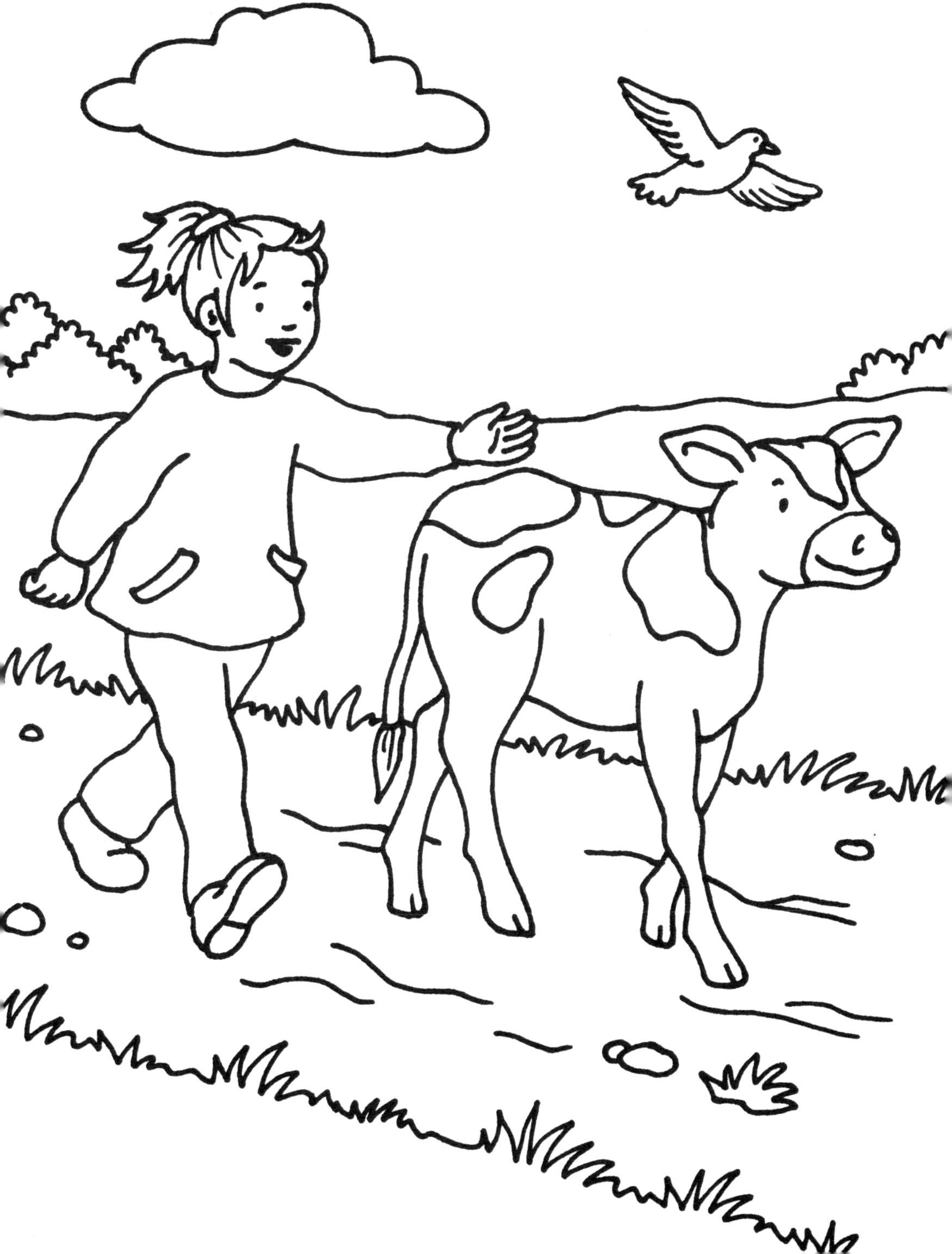

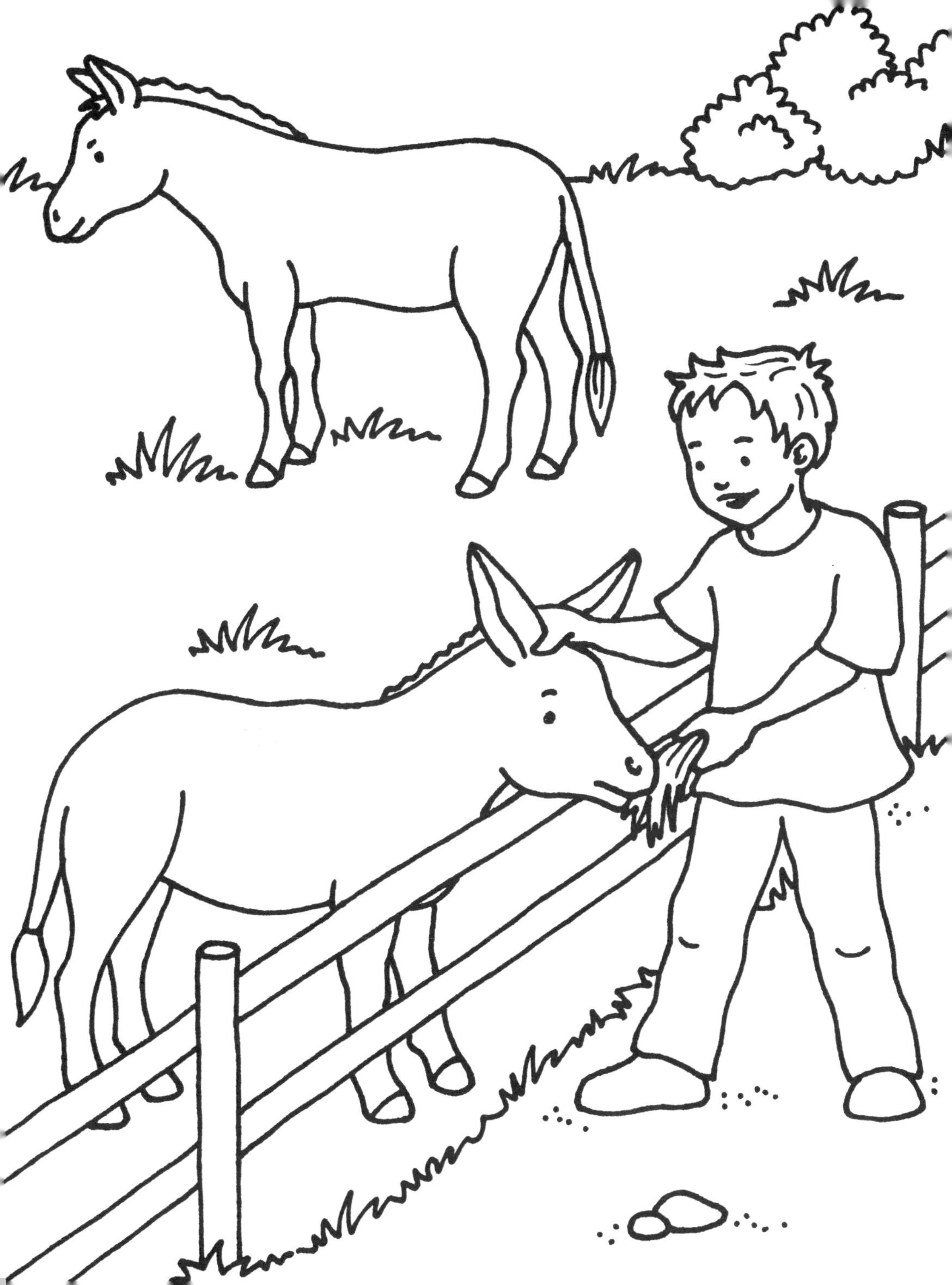

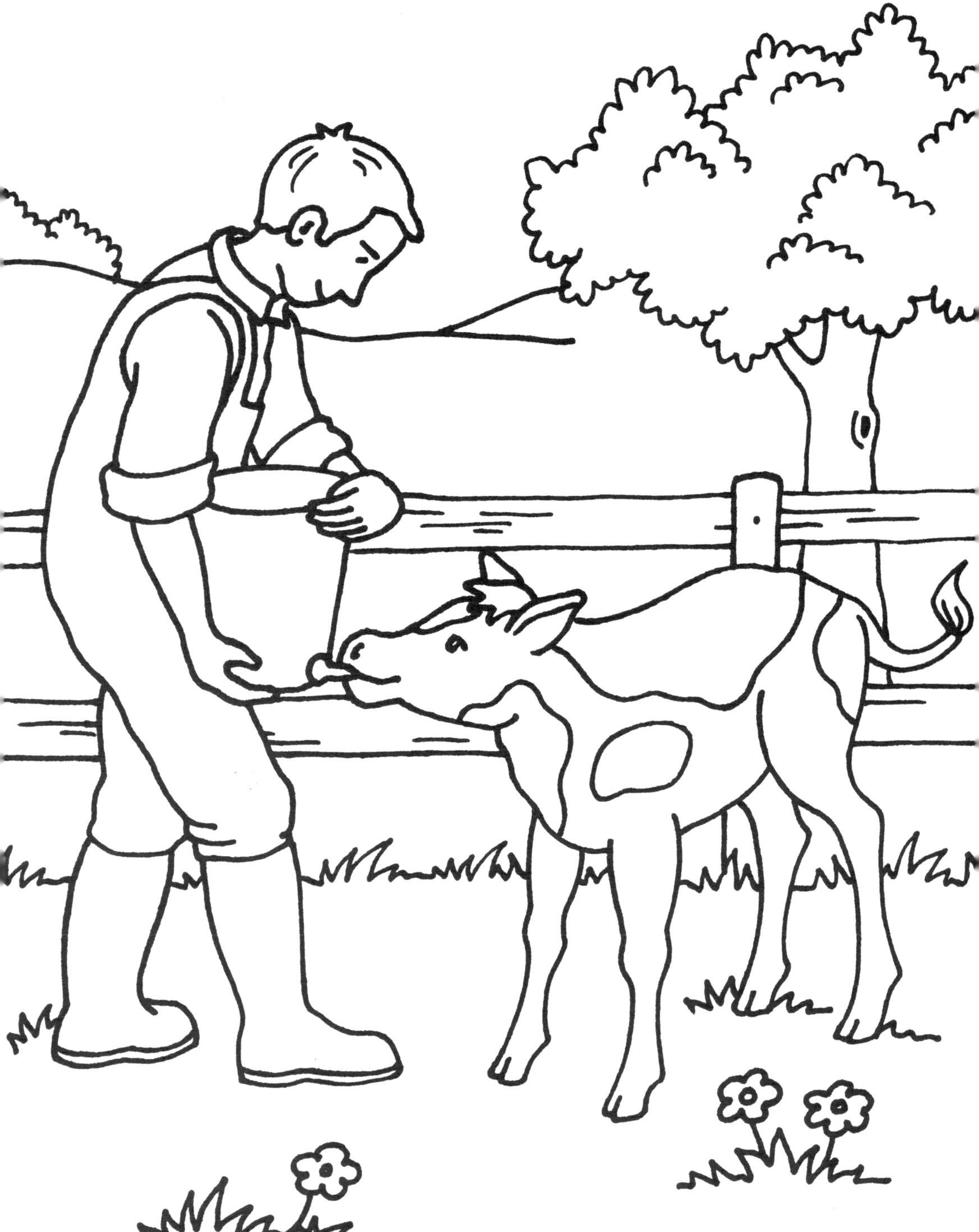

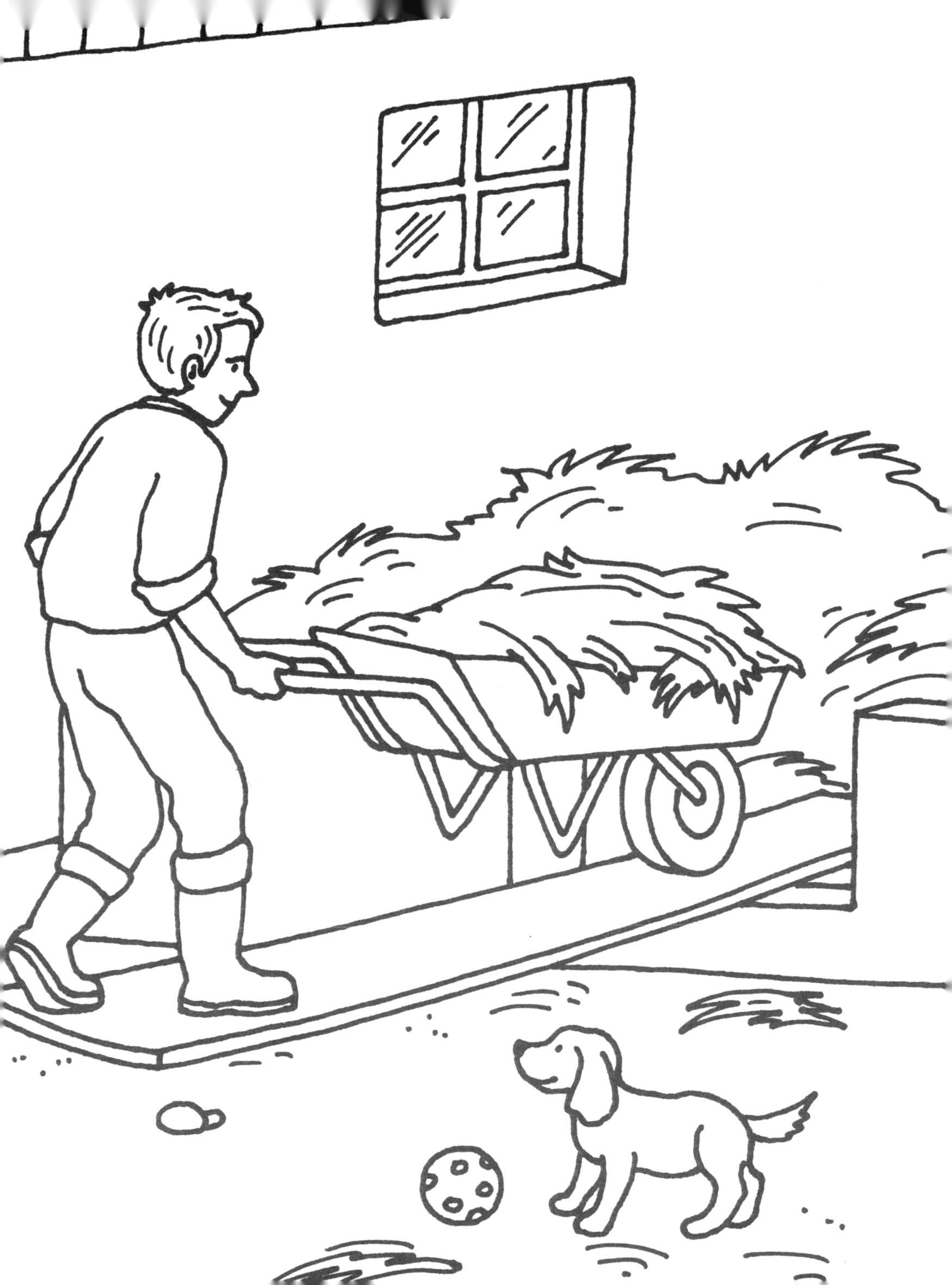

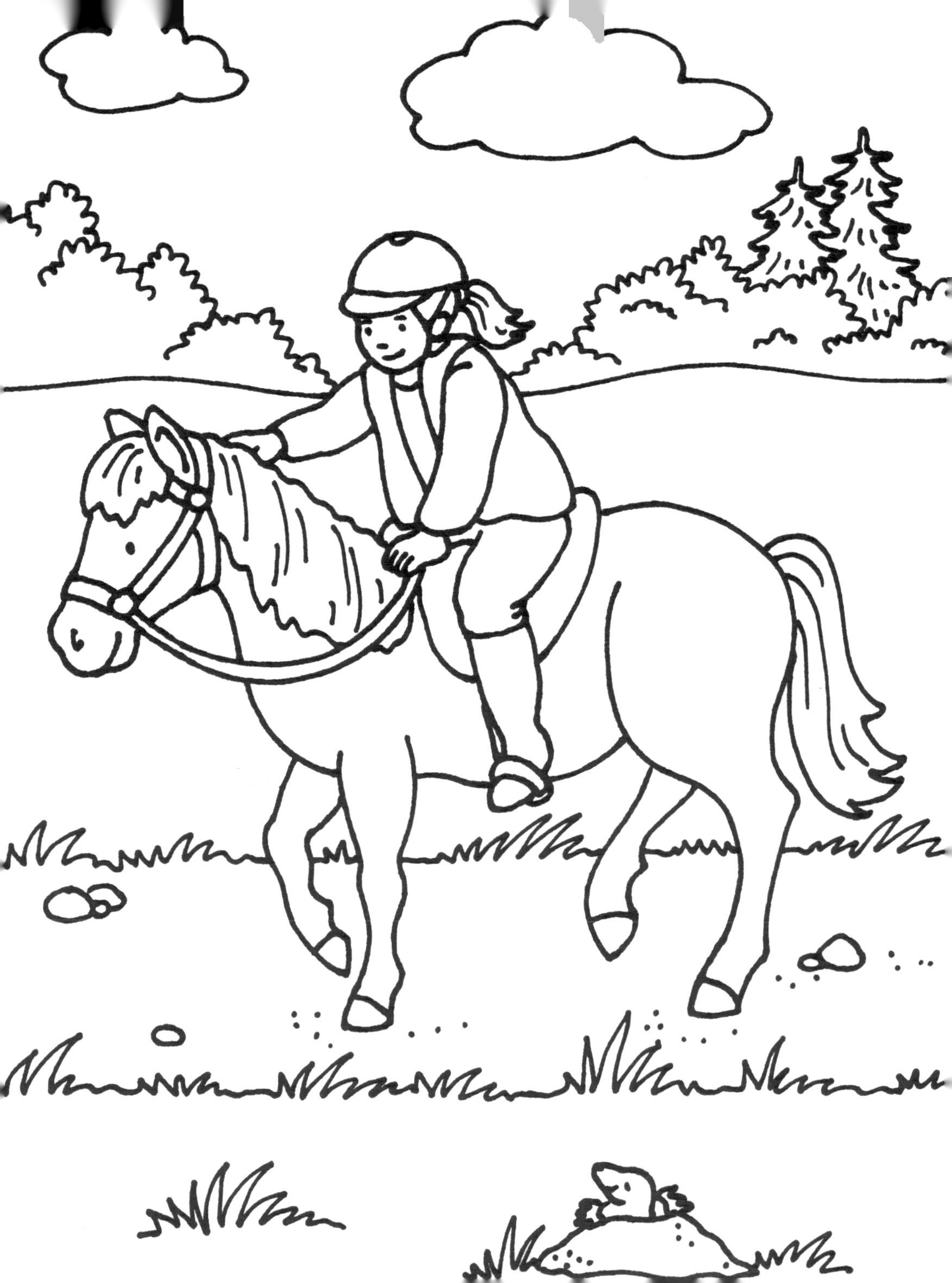

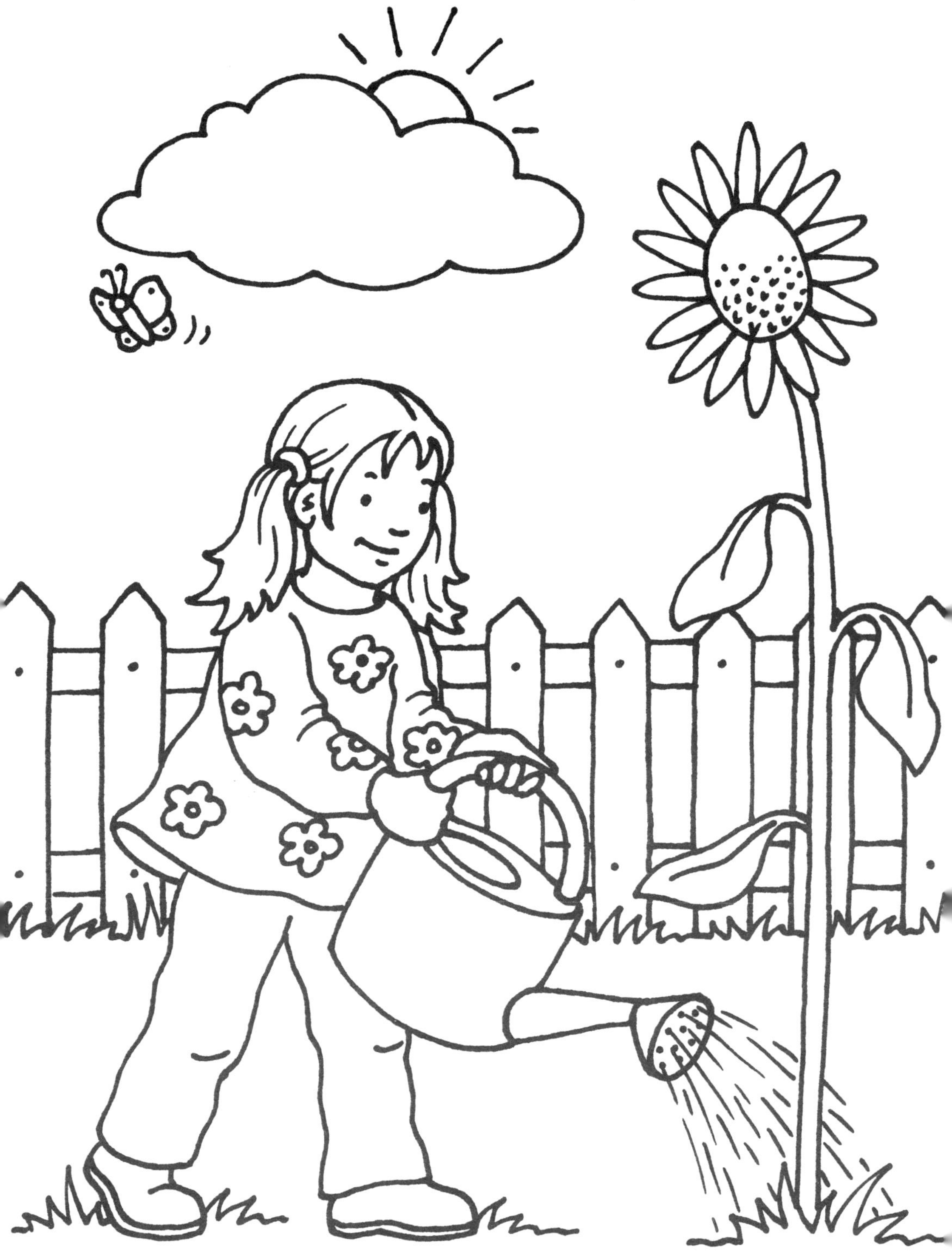

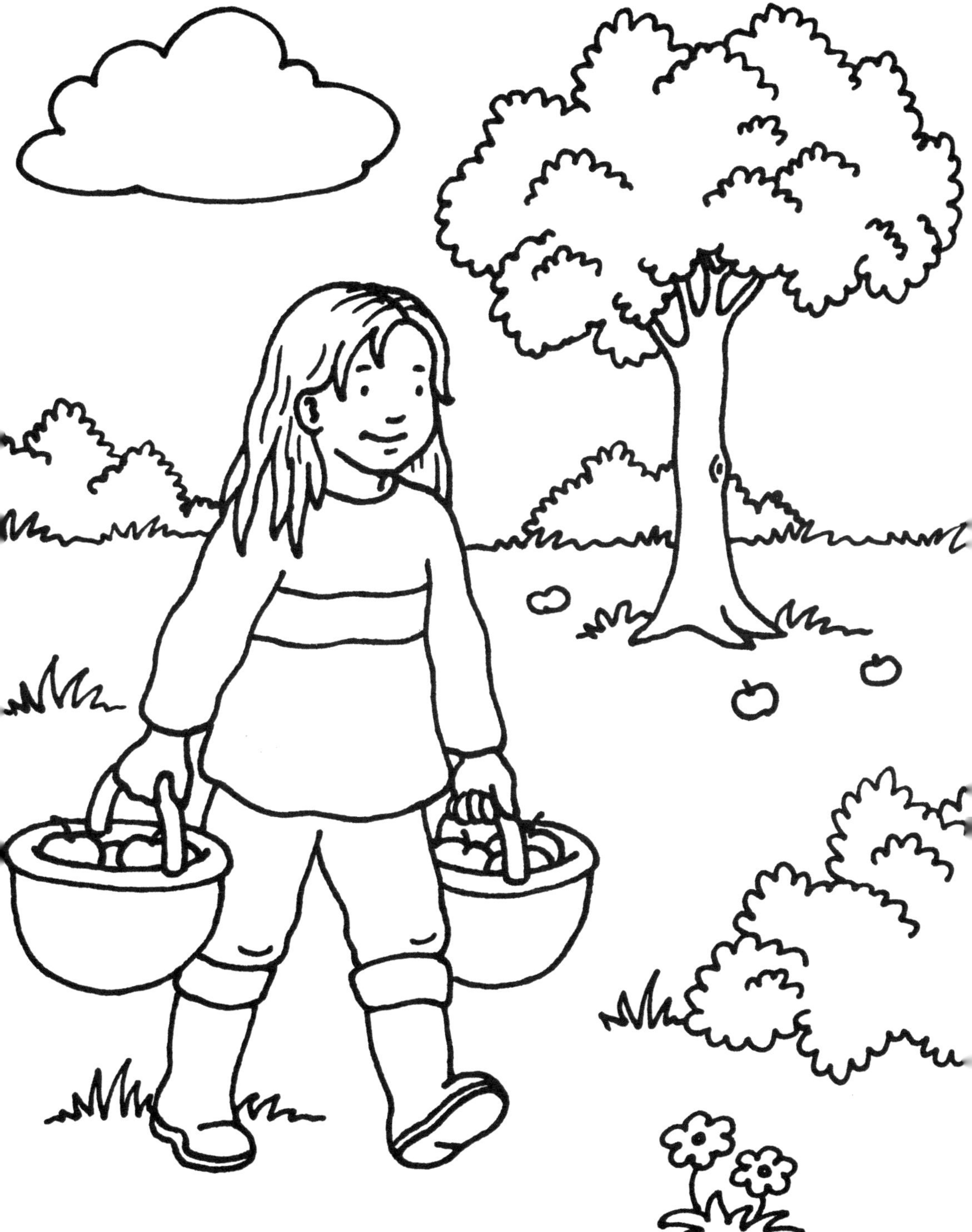

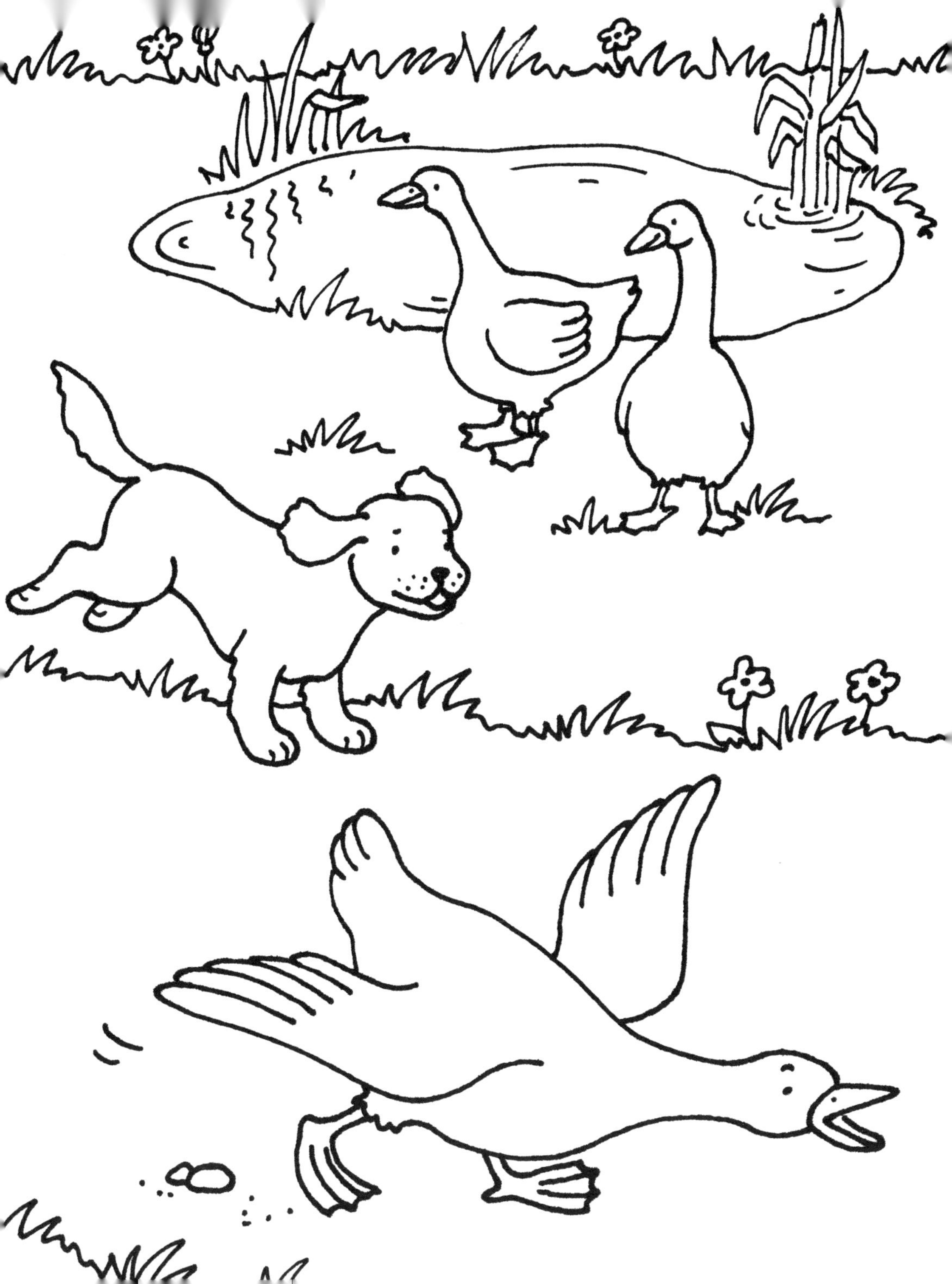

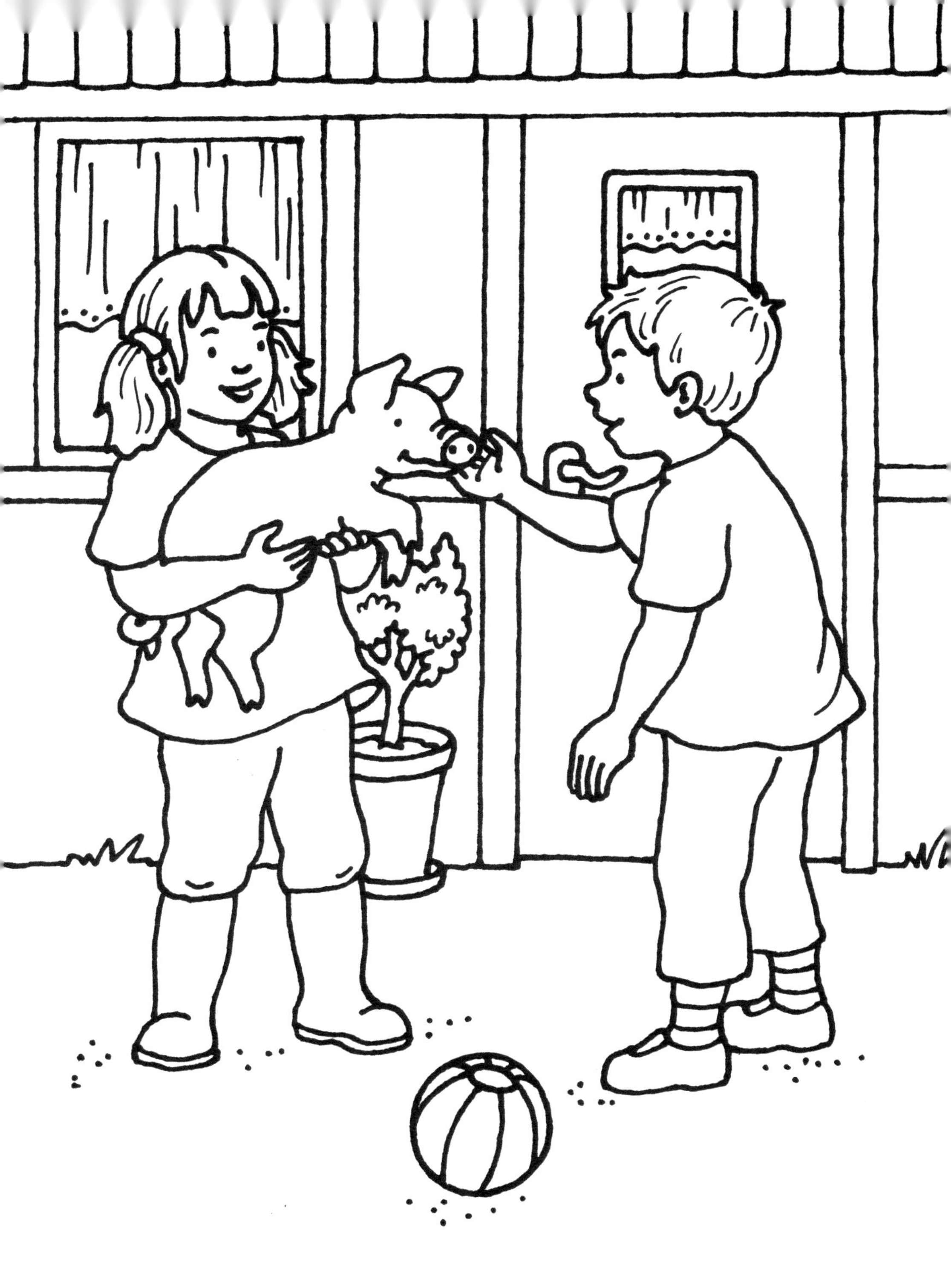

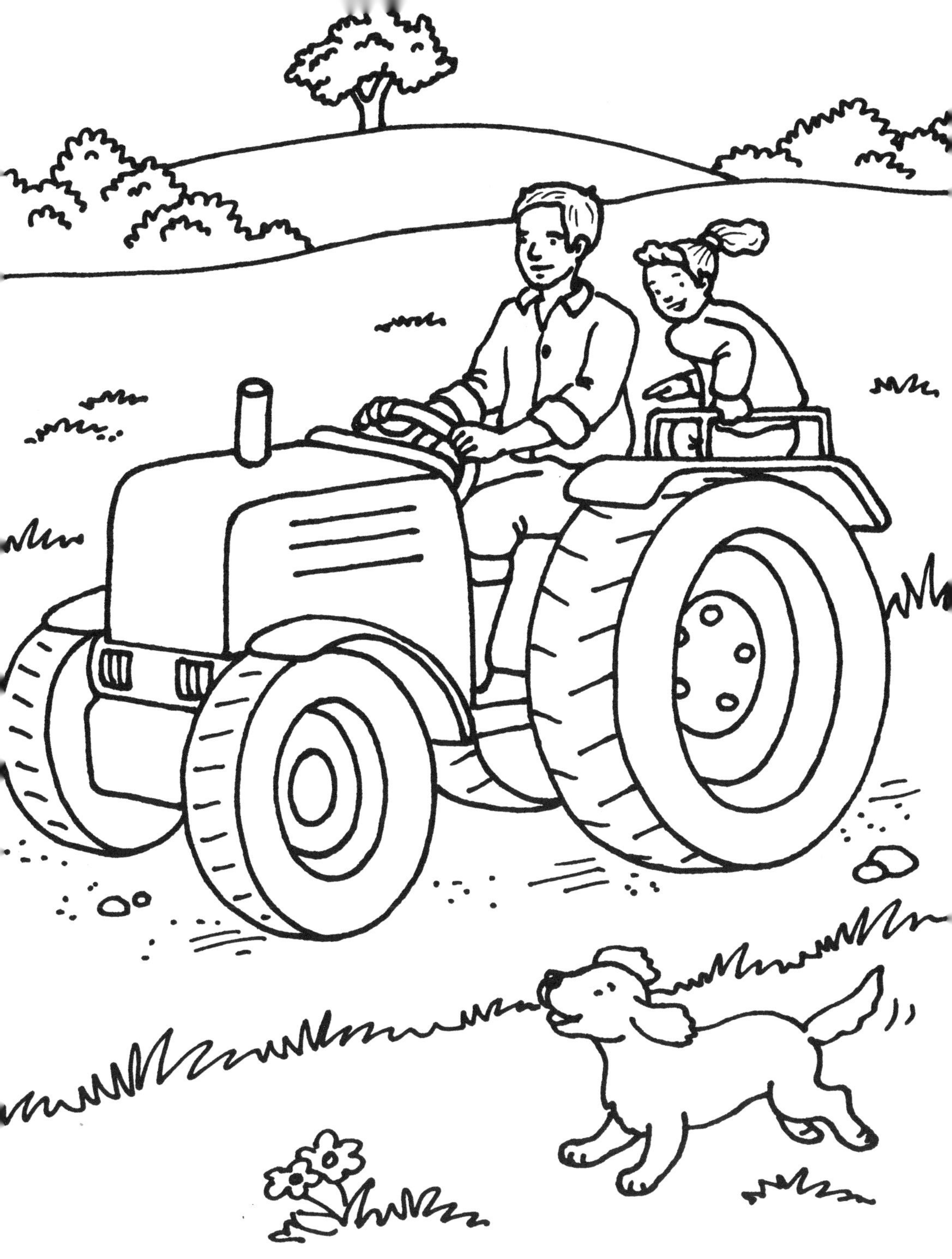

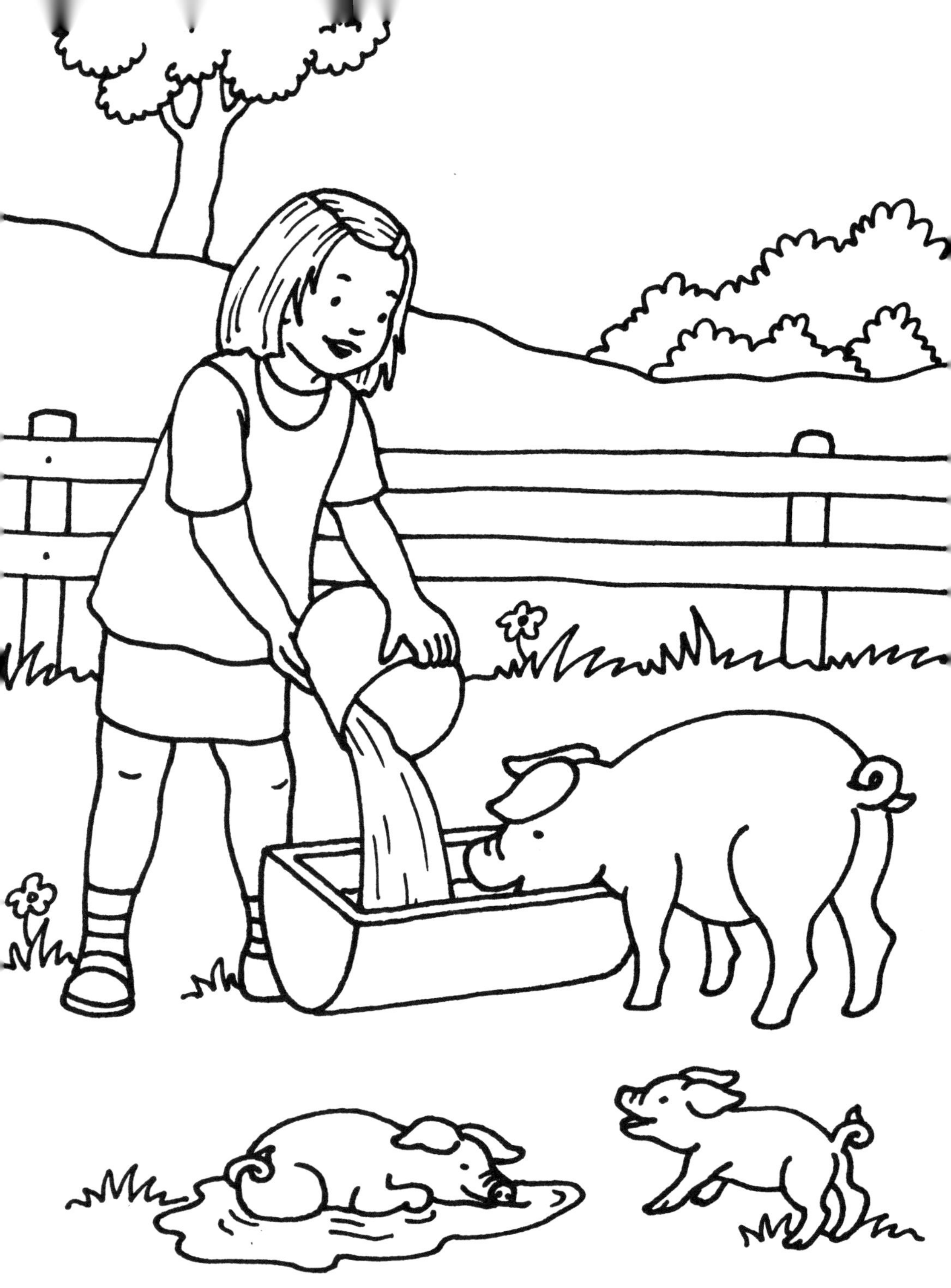

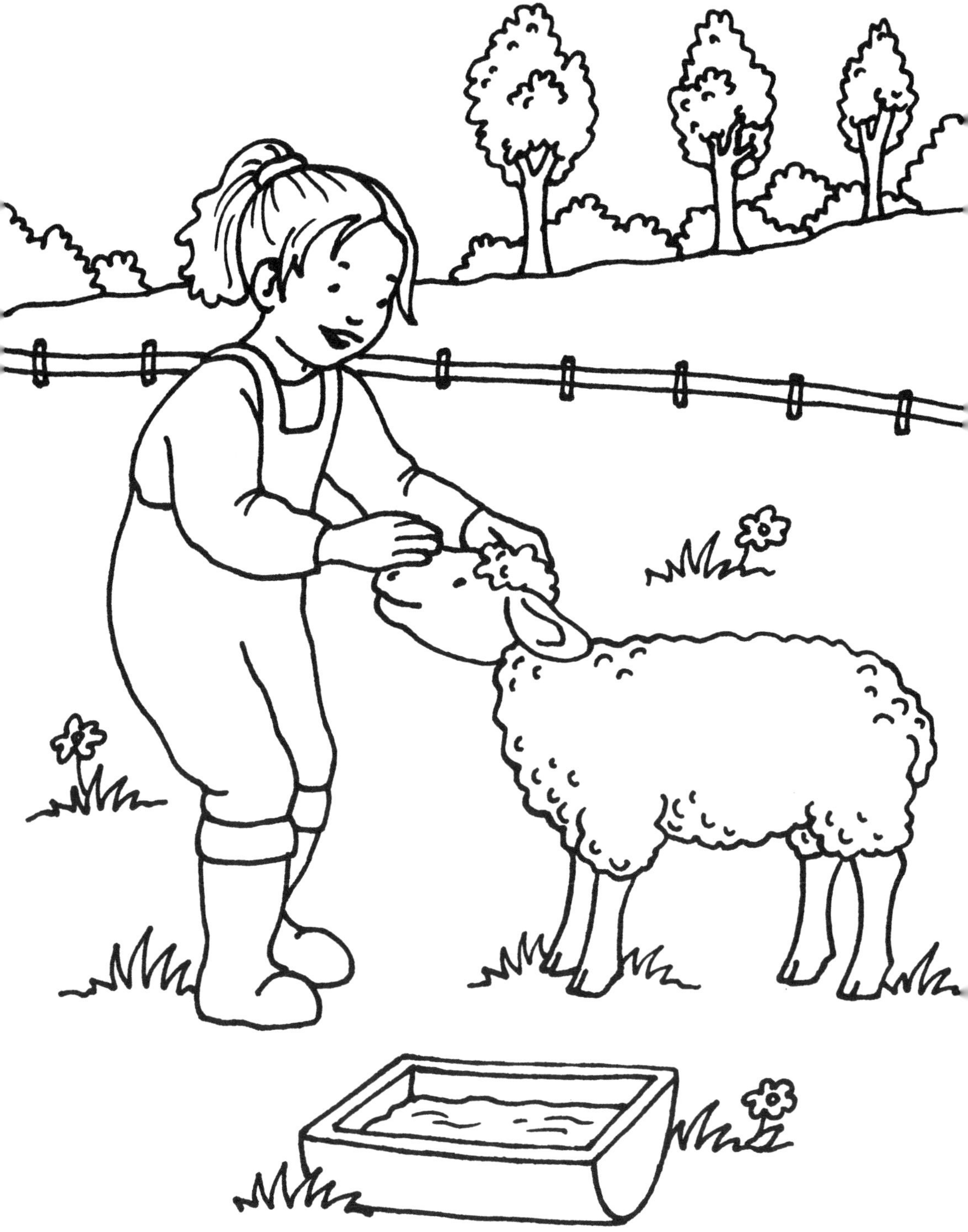

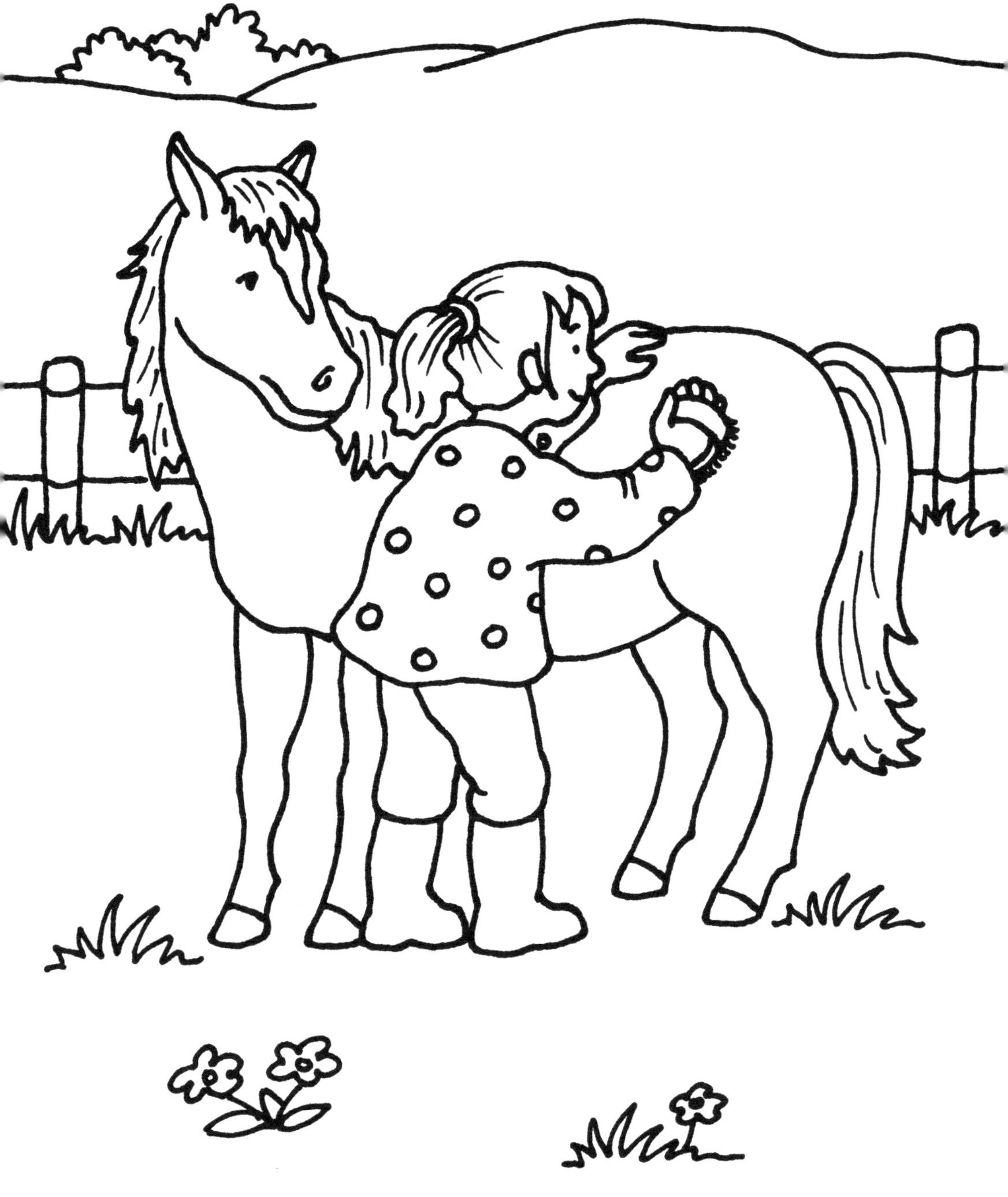

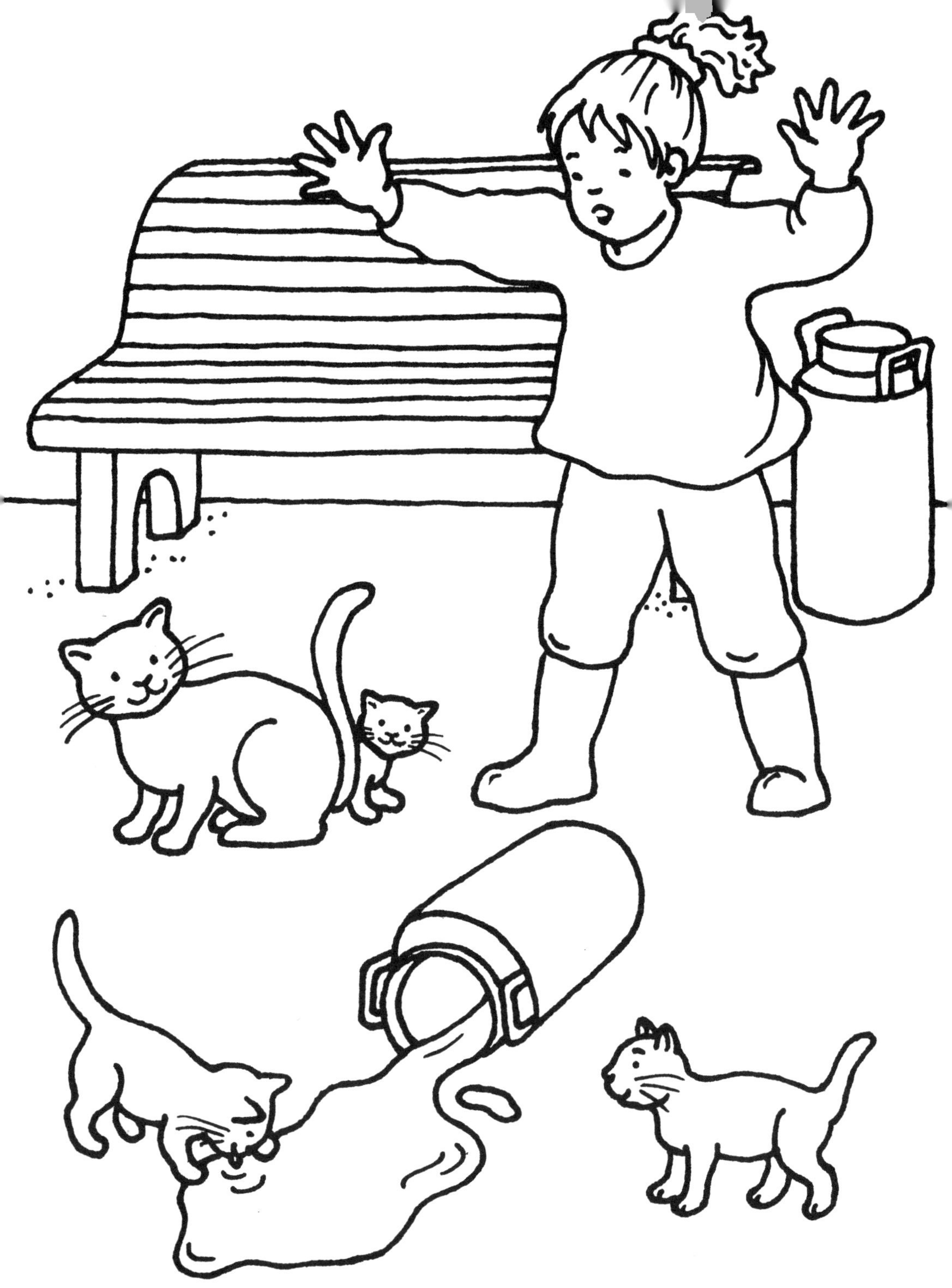

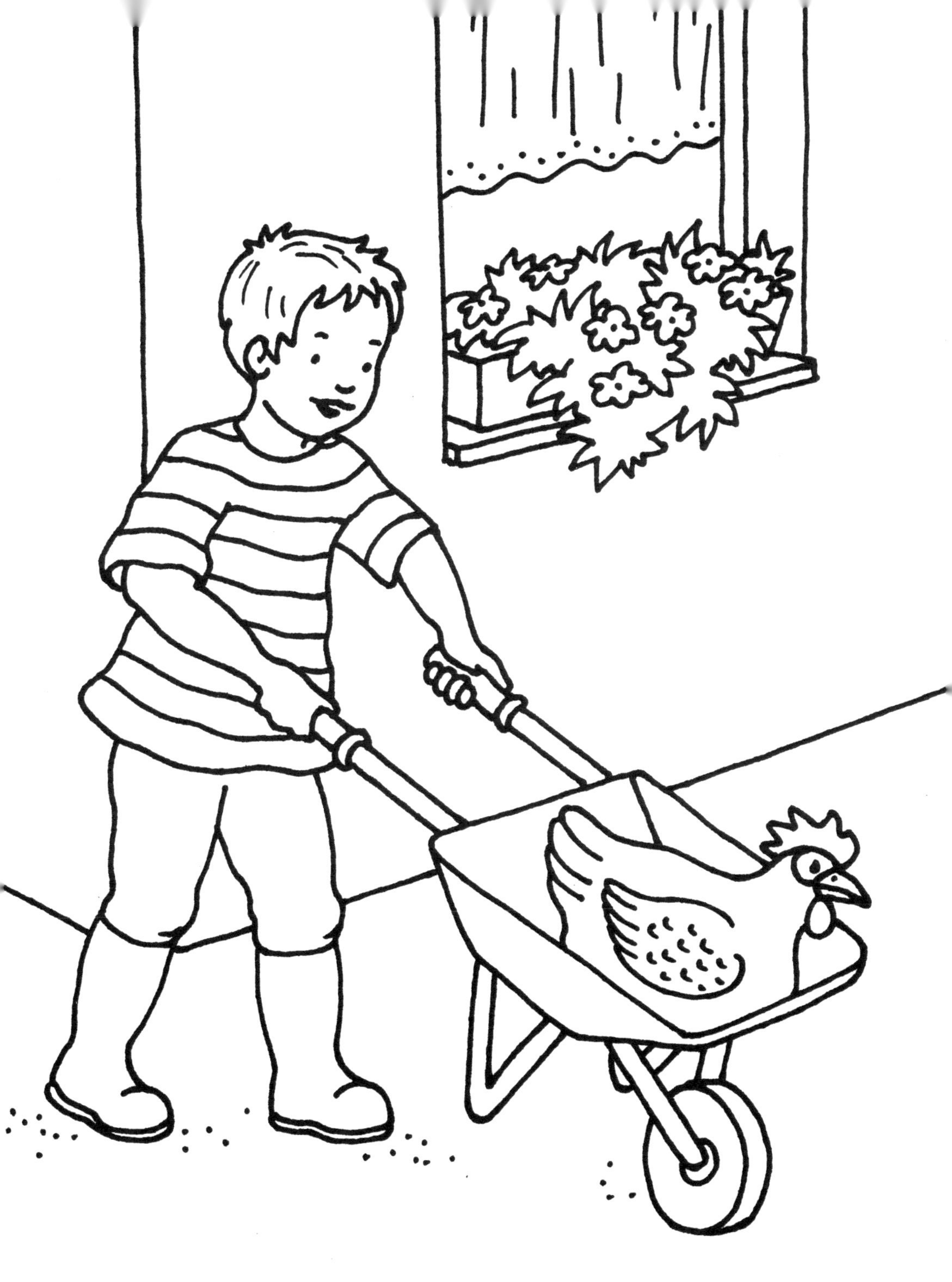

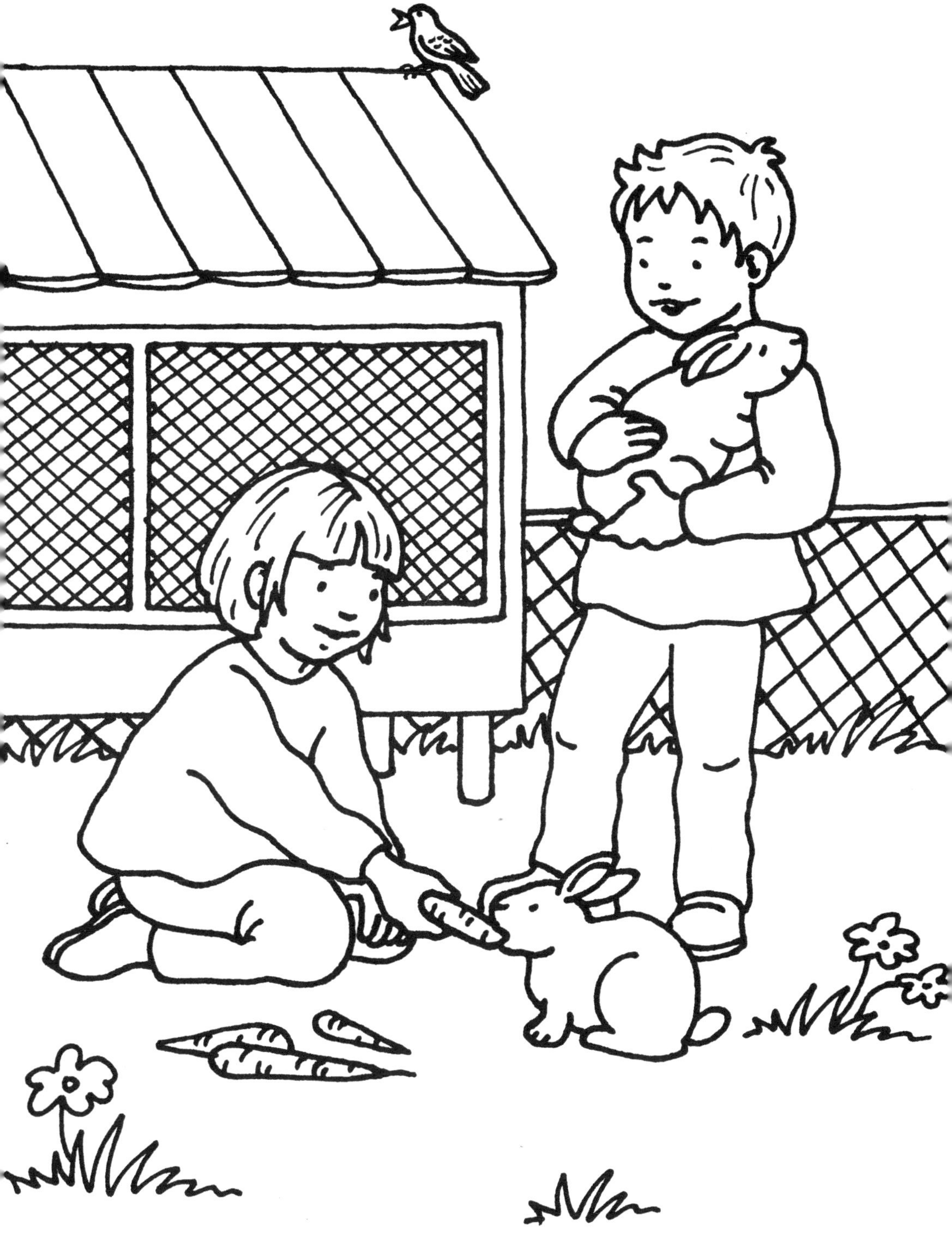

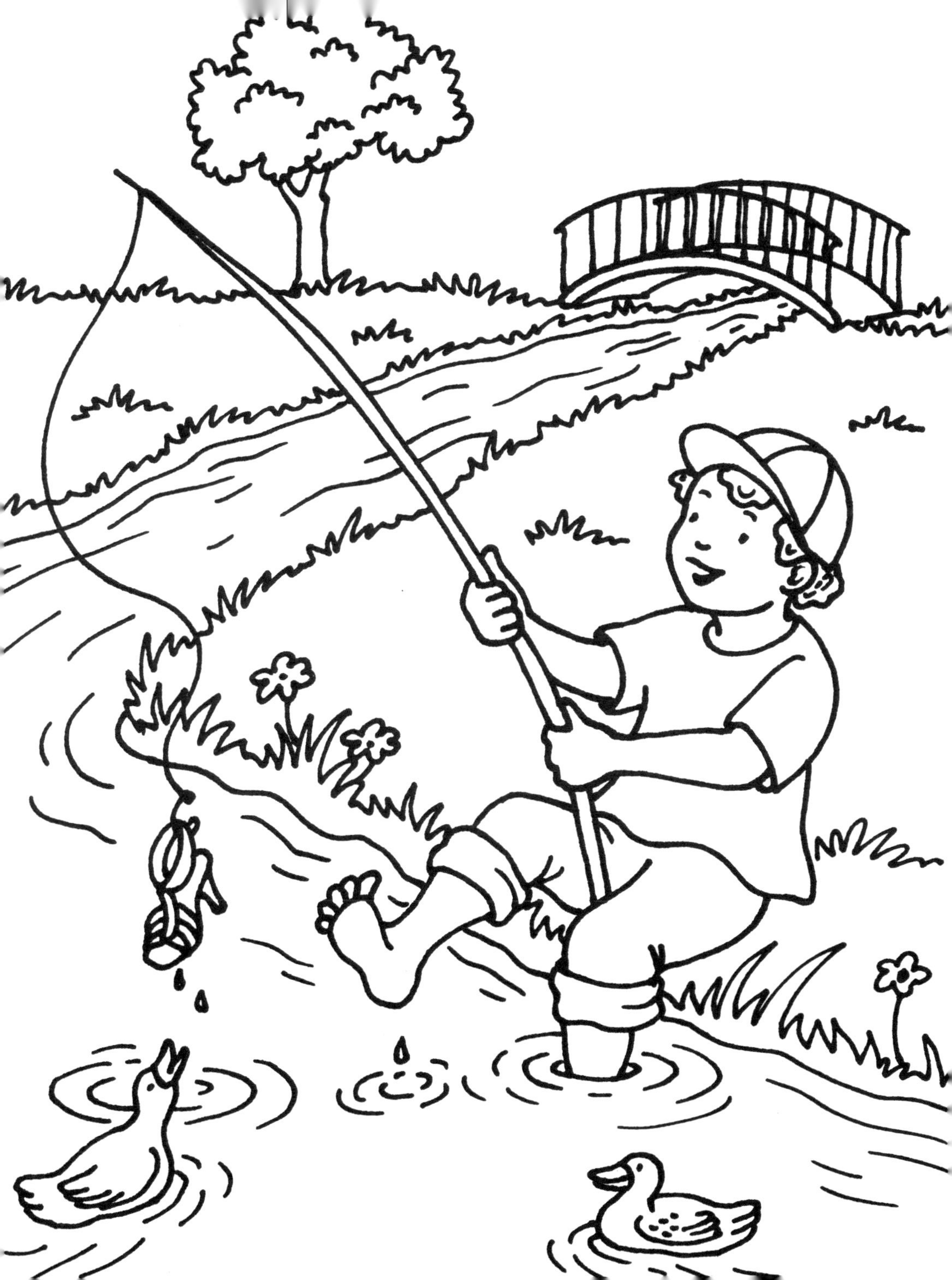

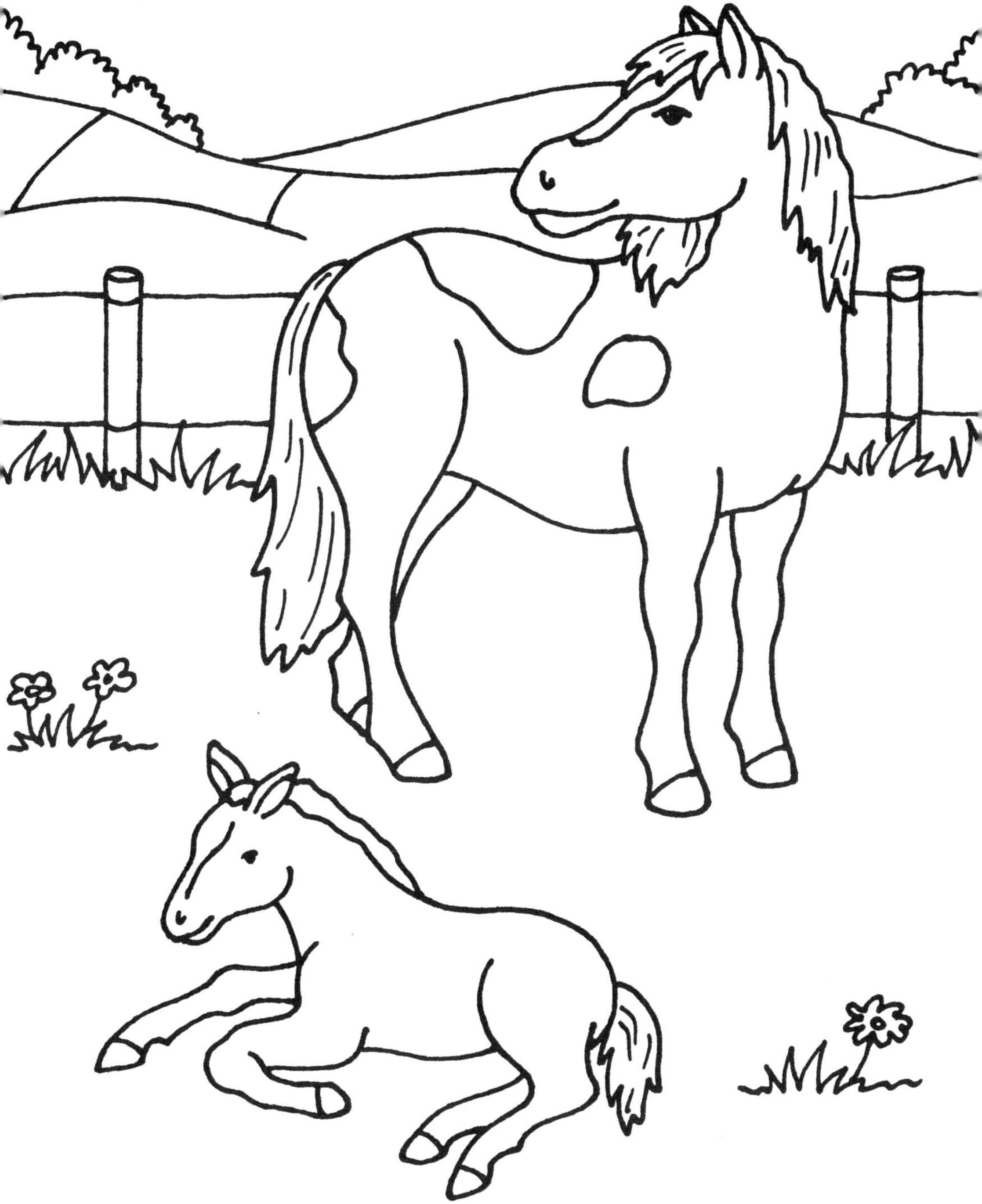

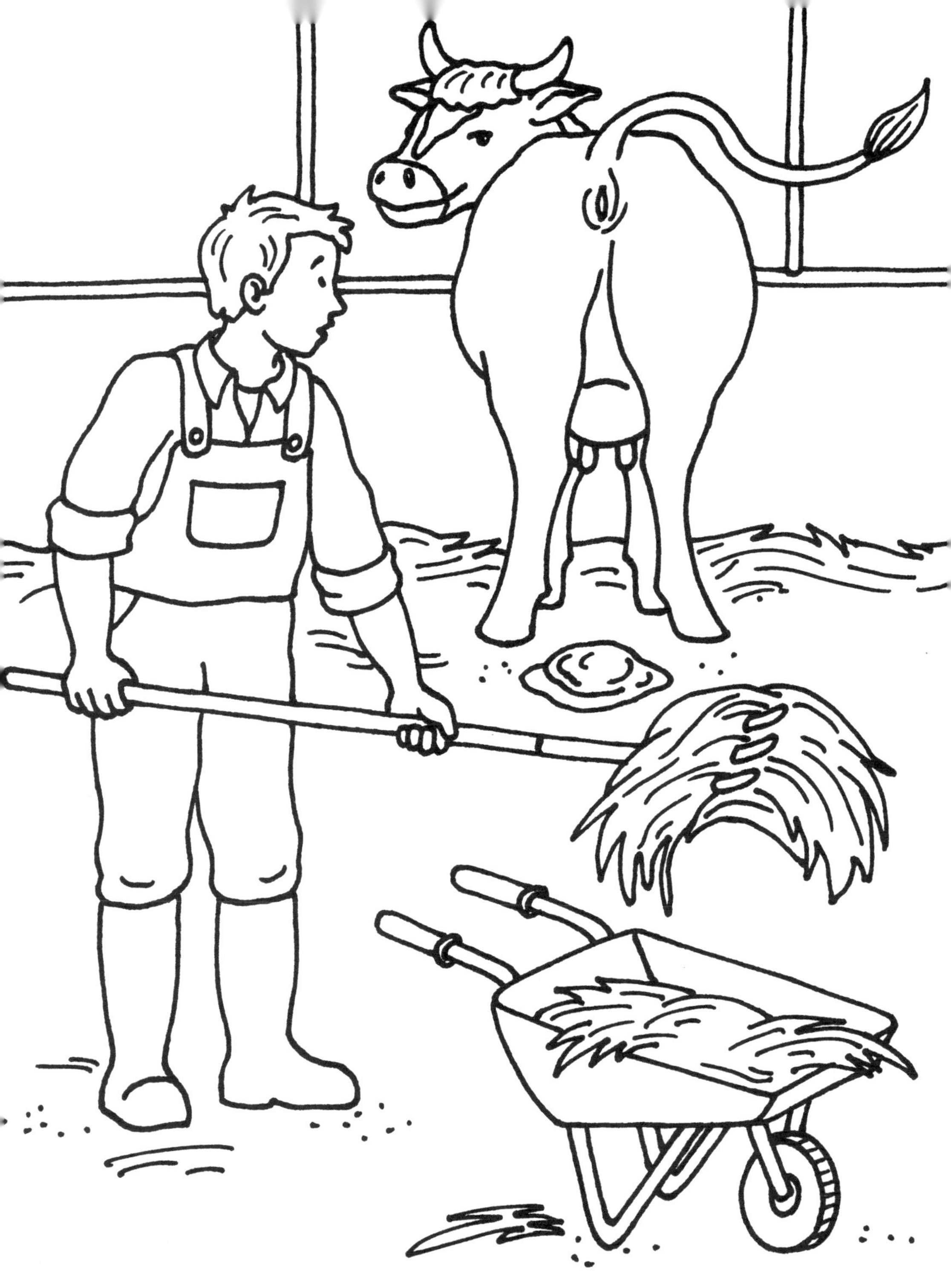

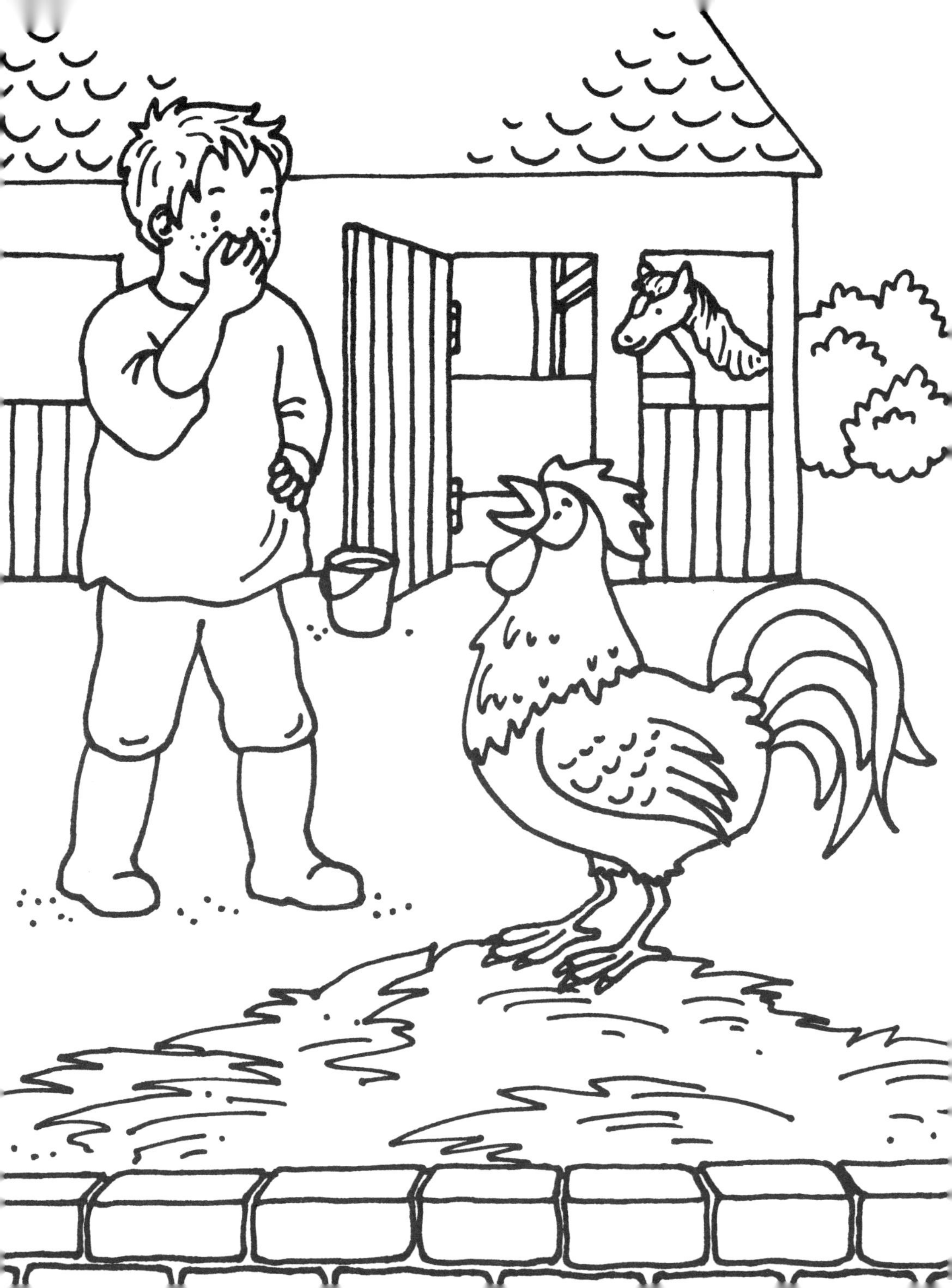

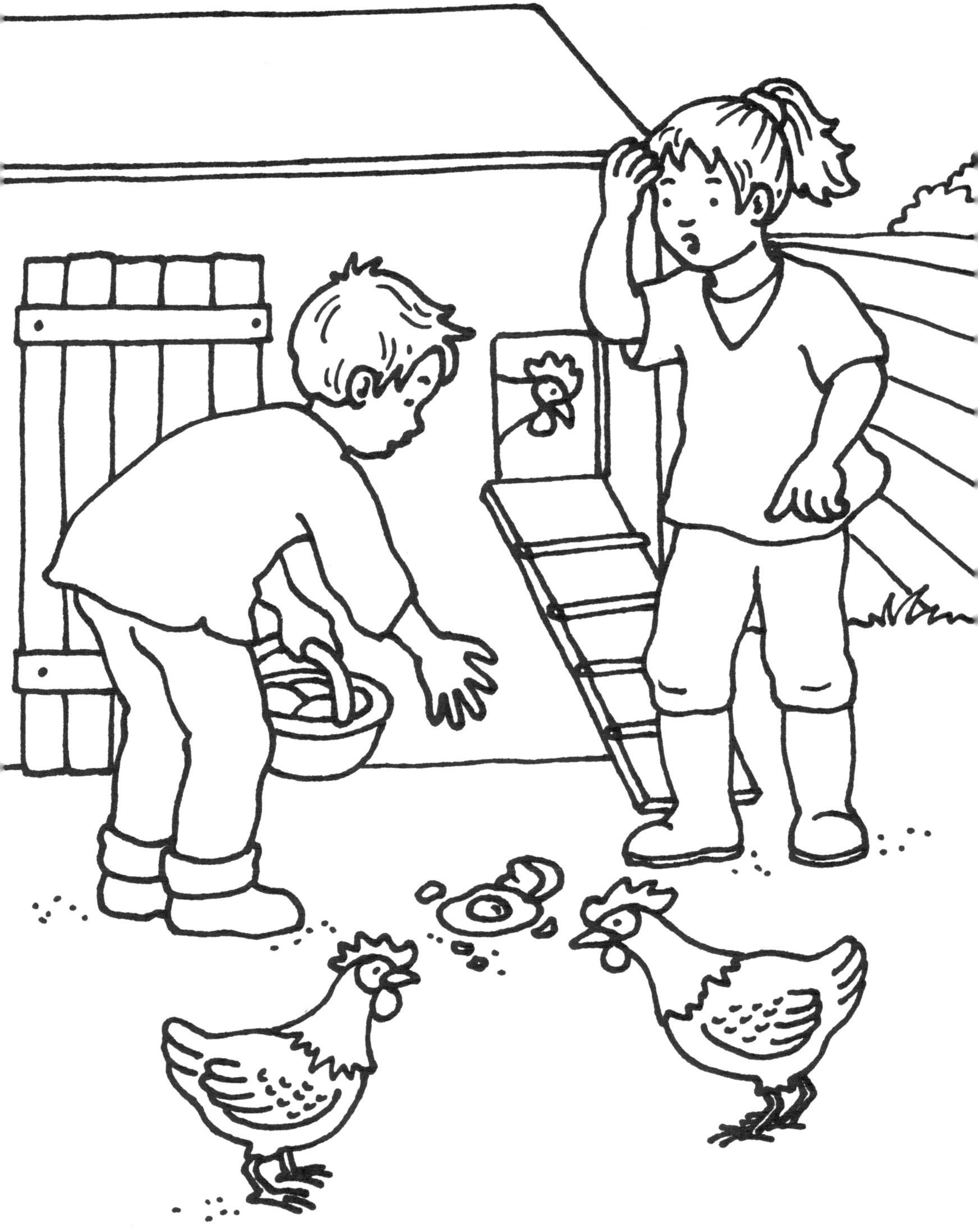

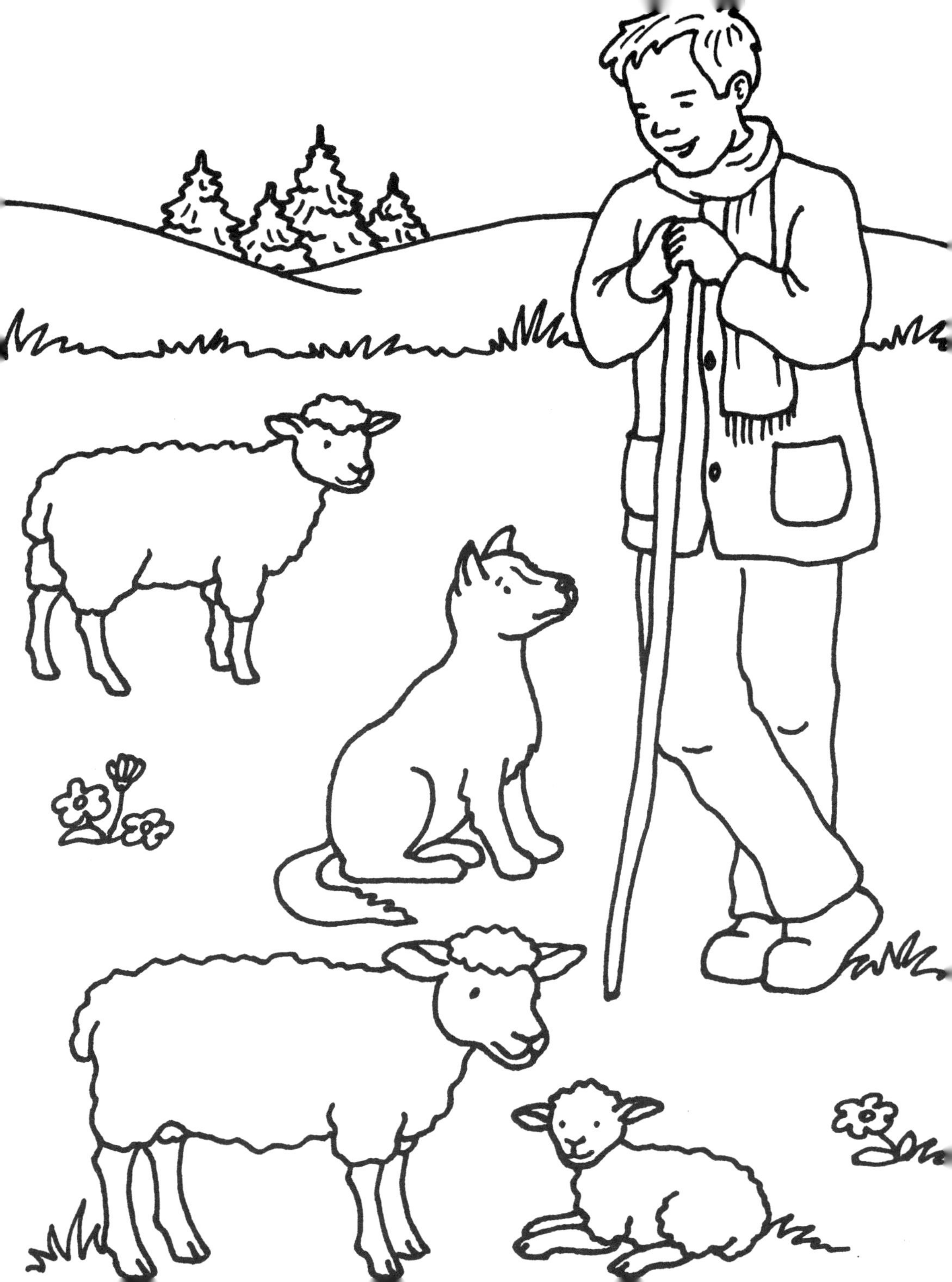

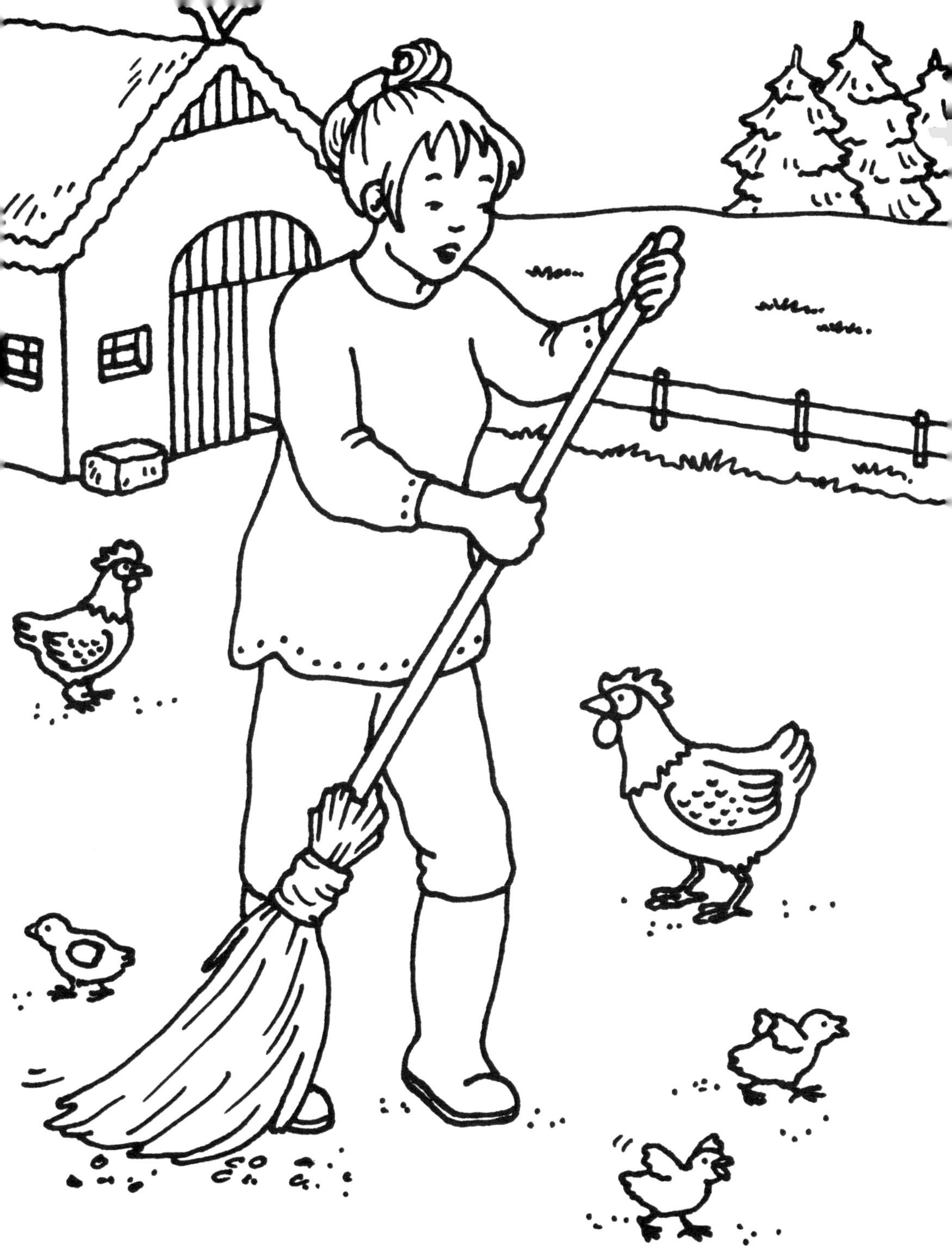

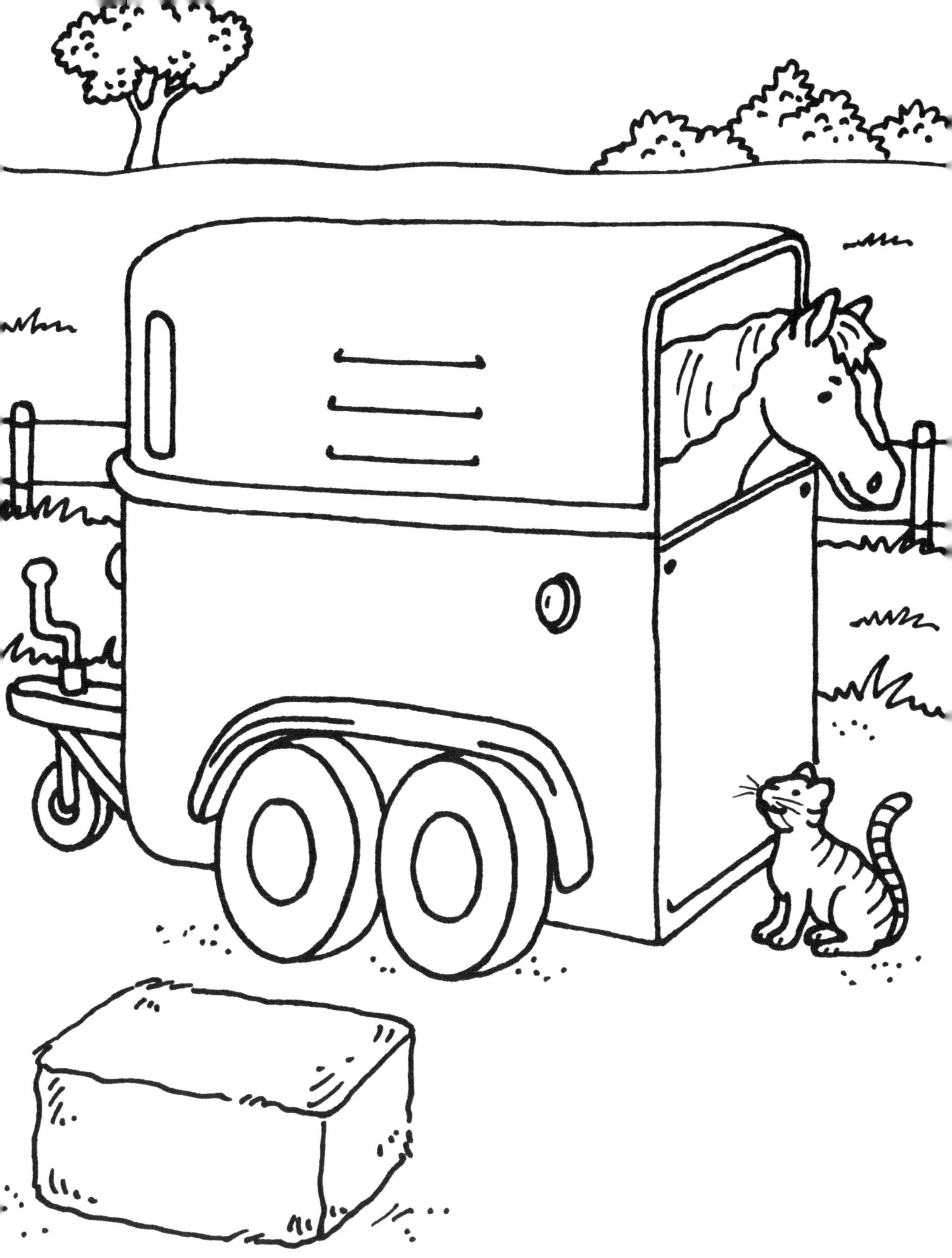

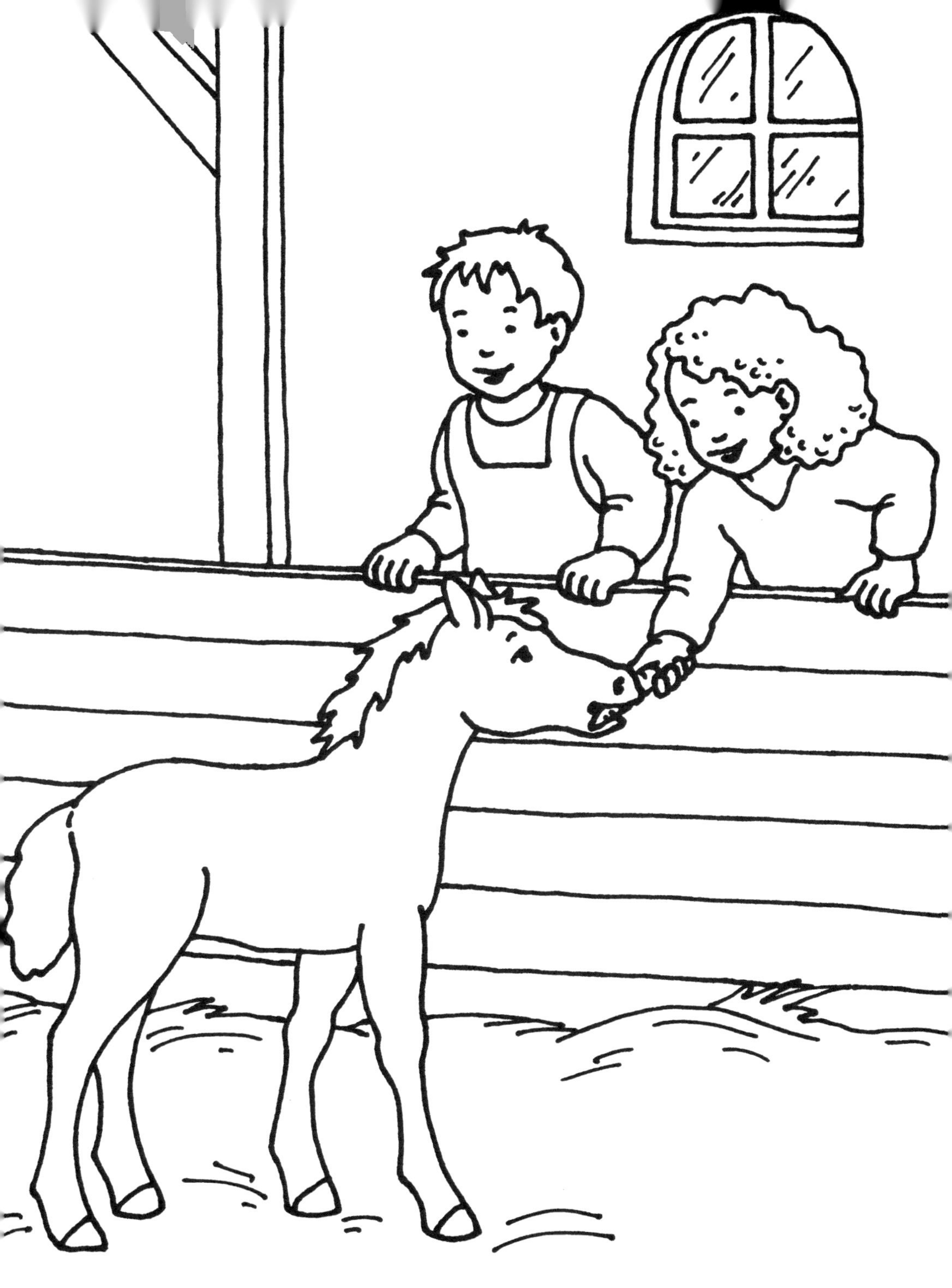

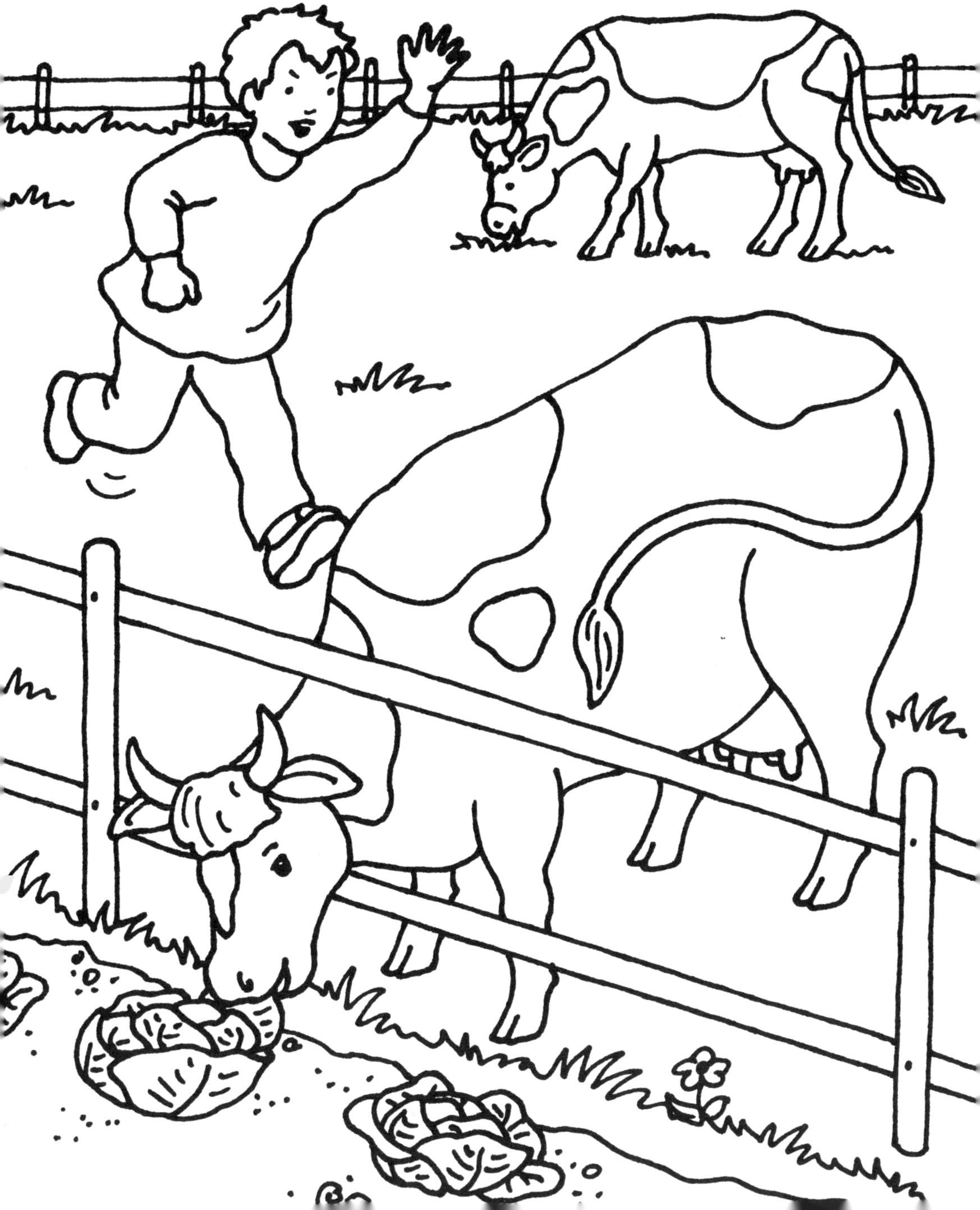

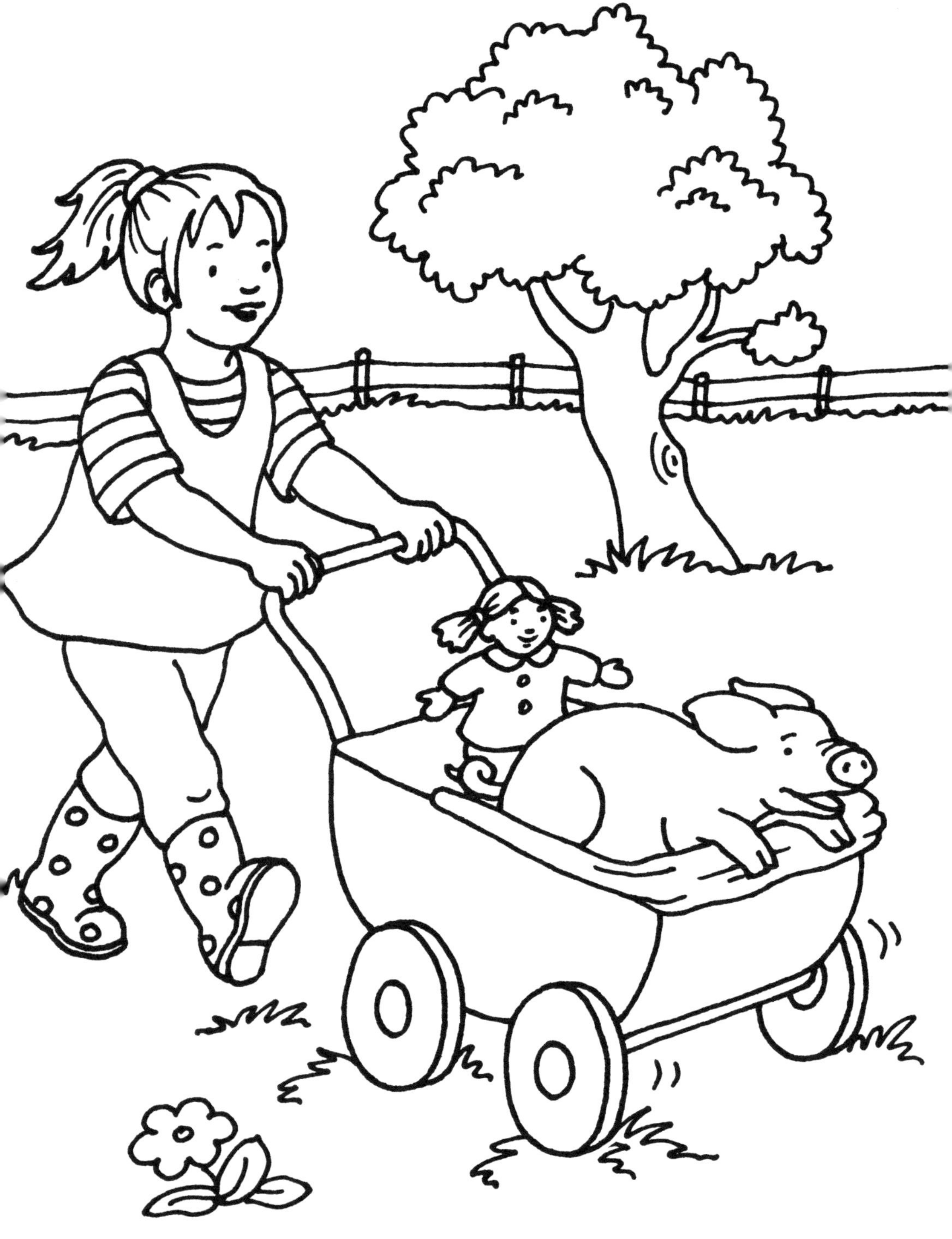

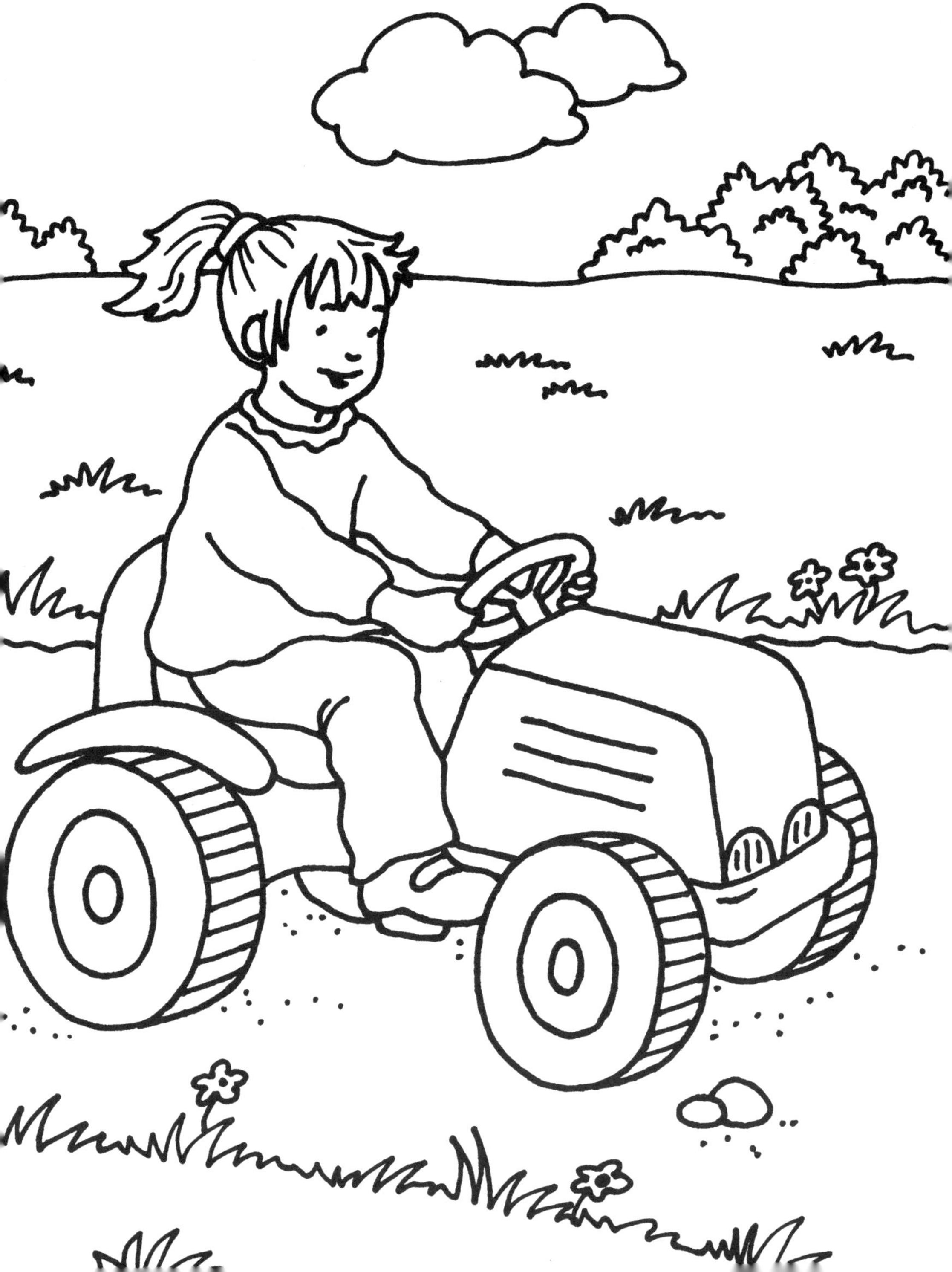

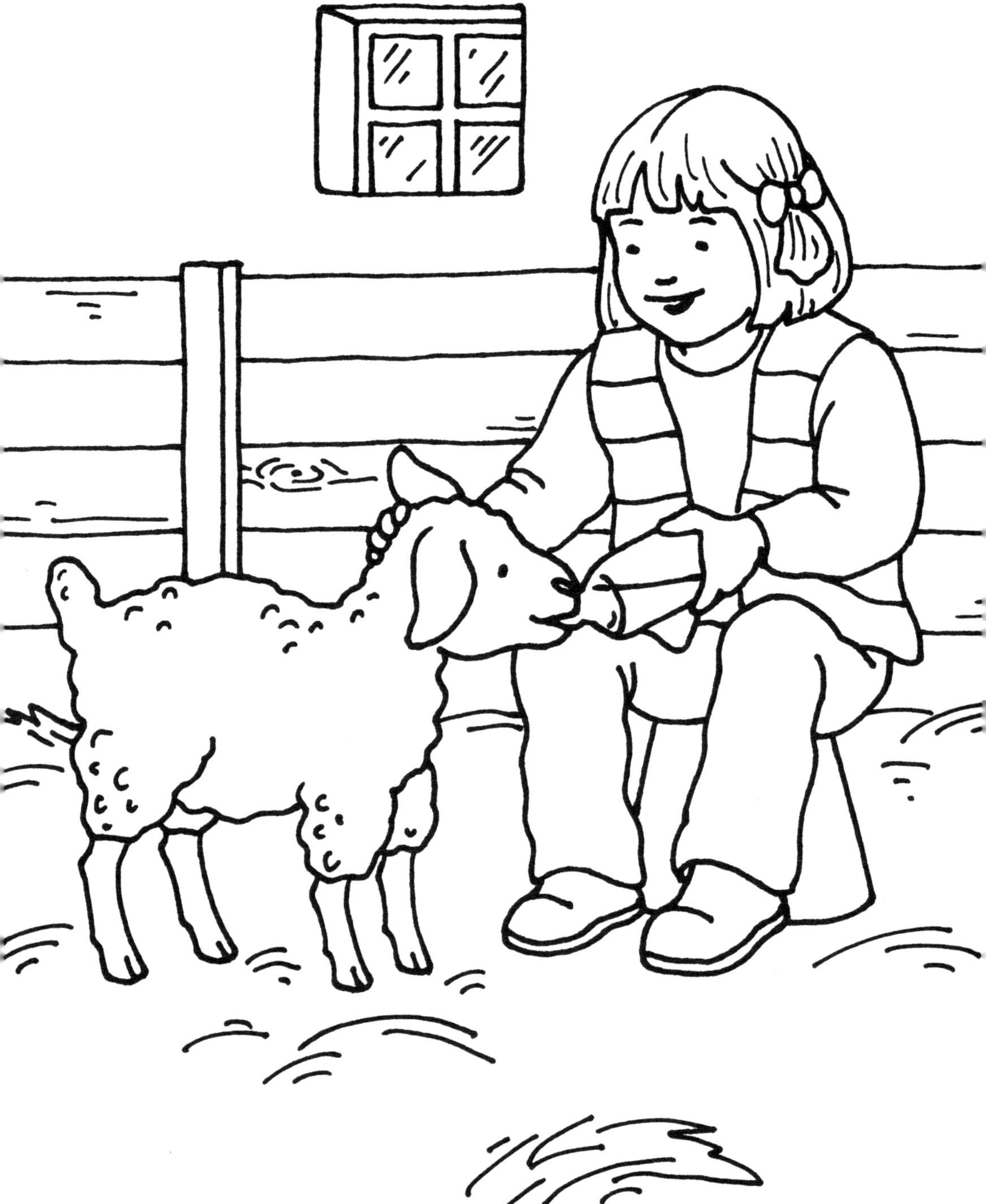

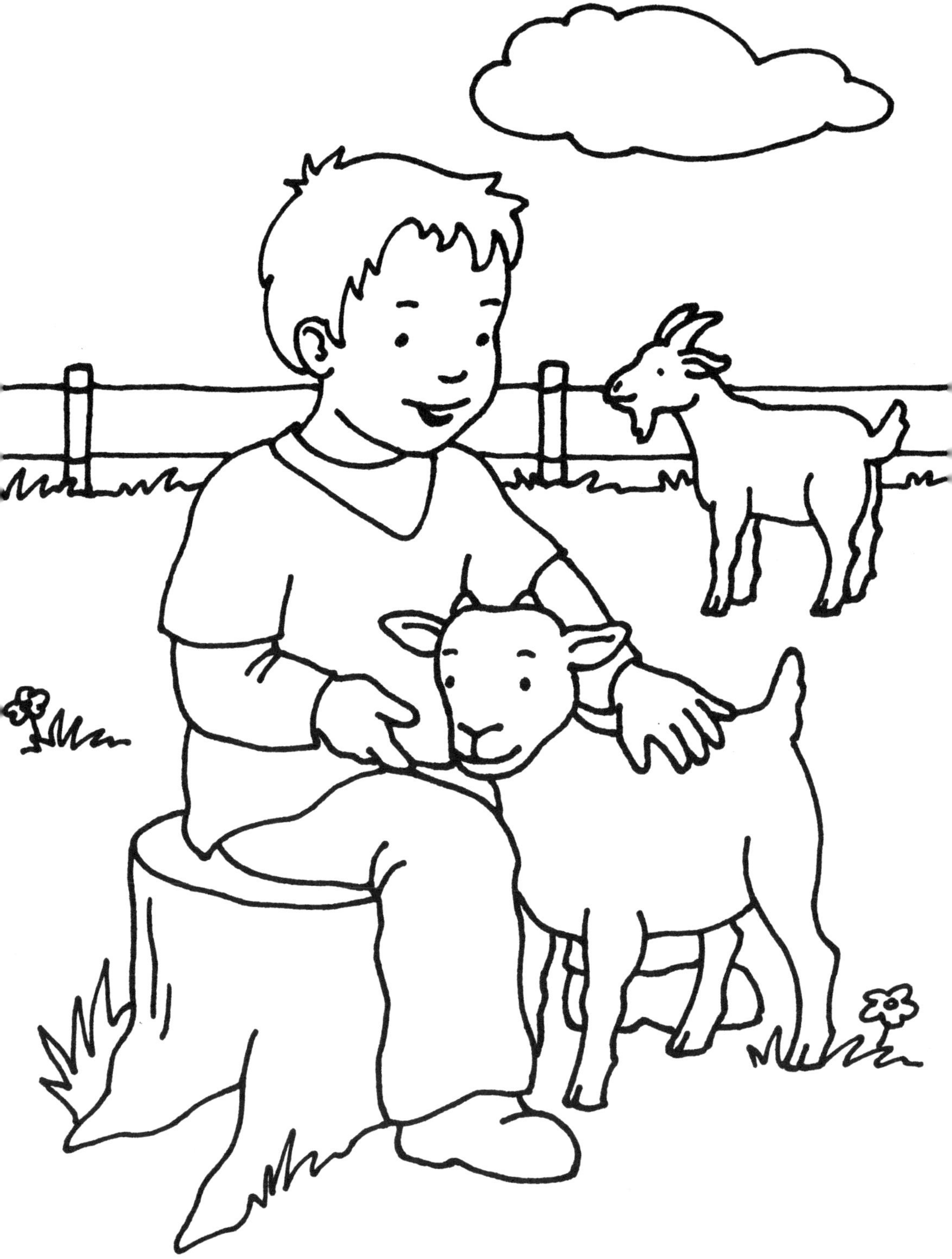

MIX
Papier aus verantwortungsvollen Quellen
FSC® C110508
www.fsc.org

3. Auflage 2014

Einband und Illustrationen: Birgitta Nicolas
Druck: Westermann Druck Zwickau GmbH
ISBN 978-3-401-70283-4
www.arena-verlag.de